TRADING SIN LÍMITES

Cómo crear una mentalidad rentable y consistente

Jose Miguel Pascual Gamarra

TRADING SIN LÍMITES

Cómo crear una mentalidad rentable y consistente

Didot

***Trading* sin limites**

Primera edición: octubre de 2023

www.puntodidot.com
Sector Oficios Nº 7
28760, Tres Cantos (Madrid)
e-mail: info@puntodidot.com

ISBN-13: 978-84-19768-60-5
ISBN-E-Book: 978-84-19768-61-2
Depósito legal: M-27238-2023

Printed in Spain

A mis padres,
por la vida que me han dado y apoyarme en todos mis proyectos.

A Laura,
por ayudarme a convertirme en quien quiero ser,
por aguantarme y saber entenderme.

SUMARIO

INTRODUCCIÓN

En la actualidad, con el fácil acceso a la información gracias a internet, tenemos a nuestro alcance una gran cantidad de sistemas de *trading* con una probabilidad de acierto superior al 50 % (rentable desde un punto de vista estrictamente estadístico). Algunos se pueden obtener mediante formaciones privadas, otros incluso se pueden obtener de forma gratuita.

La gran cuestión aquí es, si todo el mundo puede tener acceso, estudiar y poder poner en práctica un sistema estadísticamente rentable, ¿por qué muy pocas personas consiguen ser rentables y consistentes a largo plazo?, ¿por qué muy pocos de los que empiezan, acaban dedicándose a ello profesionalmente? Si un sistema, tiene una eficacia comprobada del sesenta, setenta u ochenta por ciento de acierto, ¿qué es lo que hace que un *trader* novato no consiga consistencia y rentabilidad a medio/largo plazo? ¿Qué ocurre en la mente de un *trader* para que sea capaz de perder su cuenta en un par de días, o incluso en unos minutos?

Obviamente la meta entre los que llegan a ser profesionales de este negocio y los que caen arruinados por el camino o desisten en el intento, es el mismo. Ganar dinero de forma consistente.

¿Qué los diferencia?, ¿acaso son más inteligentes, más aptos o más especiales los que consiguen llegar al éxito? Ya te puedo anticipar que no.

Este libro tiene un propósito, y es aclarar al lector cuál es la pieza clave que diferencia al *trader* exitoso de la gran mayoría que caen en el intento. Y, además, cómo amaestrar esta pieza clave de la forma más eficiente y así, generar este punto de inflexión tan importante.

Yo personalmente, al igual que muchos otros que se han iniciado en este camino, he aprendido a base de tropezarme una y otra vez. Quizás más veces de las que me hubiese gustado, sin duda. Pero, como comento en el libro más adelante, los errores son oportunidades de aprendizaje y mejora. He de decir hoy en día y con toda confianza, que he errado mucho, y por tanto he aprendido mucho.

Y tras leer muchos libros sobre psicología, motivación personal, inteligencia/gestión emocional, etc., me di cuenta que me hubiese gustado acceder a un compendio, a una obra definitiva, donde se recogiese un resumen de todo lo que aprendí de esas obras. Donde se recogiesen esos pasajes y párrafos que en mi mente como *trader* hicieron *clic*. Y más aún, me hubiese encantado que todos esos aprendizajes estuviesen orientados o aplicados al *trading*. Que propusiesen herramientas para poder solventar estos problemas. Y es por ello por lo que me decidí a escribir este libro.

El objetivo no es hacer un tratado complejo, teórico y extensamente aburrido sobre la psicología de la mente humana. Más bien, intentar explicar nuestros comportamientos negativos en los mercados, identificarlos y encontrar una solución. Es decir, hacer una obra concisa y lo más pragmática posible para que el lector pueda ponerse en marcha y manos a la obra desde el momento que está leyendo estas páginas. No quiero aburrir al lector con teorías y textos interminables. La idea es explicar de forma concreta aquellos aspectos emocionales que nos juegan malas pasadas en nuestras cuentas, y cómo hacer para poder gestionar y mantener esas acciones viscerales lo más lejos de nuestro capital.

Es fundamental saber que una vez que esto sea aprendido y dominado (interiorizado), se alcanzará entonces la deseada rentabilidad en el *trading*. Pues hay que tener en cuenta, que una vez tengamos un sistema rentable entre nuestras manos, y lo dominemos, el hecho de que seamos rentables o no, depende totalmente de nosotros mismos. Y esto, es algo altamente motivante, pues, tiene solución.

ESTRUCTURA DEL LIBRO

Este libro lo he querido estructurar de la siguiente manera para ofrecer al lector una lectura cómoda y que mantenga un orden coherente con el proceso de cambio mental que deseo transmitir.

- Una primera parte (*Parte 1. ¿Por qué nuestro cerebro piensa así?*) breve y sencilla sobre cómo funciona nuestra mente. Explicamos por qué en ocasiones nos comportamos de forma visceral cuando estamos ante los gráficos. Unas páginas para hacer entender al lector, que todas esas emociones y momentos (algunos más deseados que otros) los hemos sufrido todos los *traders* en los inicios. Que son parte de nuestra naturaleza. Que el lector no debe sentirse mal consigo mismo pensando que no está hecho para el *trading*. Que no es el único que ha sufrido estas vorágines emocionales. El objetivo es que el lector tome consciencia de su naturaleza, la acepte y se sienta tranquilo consigo mismo.

- La segunda parte (*Parte 2. Cambia tu concepto sobre el trading*) hace énfasis en el proceso de cambio. Cambio en la visión sobre el *trading*. Cambio en ser conscientes de los errores que nos hacen perjuicio sobre nuestra psicología y por tanto debemos evitar. Comienza el paradigma del cambio haciendo consciencia sobre el daño real, y por suerte evitable, de los principales errores en el *trading*.

- Por último, la tercera parte (*Parte 3. Reprograma tu mente. El proceso.*) se explicará el proceso y herramientas necesarias para proceder al cambio. Ese cambio que tanto ansía la mayoría de *traders*. Ese *clic* mental donde dejar atrás esos errores donde nos hemos tropezado una y otra vez, haciendo quebrar cuentas y nuestra autoestima. Una forma de tomar las riendas de nuestra trayectoria como *traders* para llevarla al punto que deseamos.

PARTE 1

¿POR QUÉ NUESTRO CEREBRO PIENSA ASÍ?

CAPÍTULO 1

EMOCIONES *vs* LÓGICA

En el siglo XIX, Charles Darwin asentó en su obra *El origen de las especies* una de las teorías más relevantes sobre evolución propuestas hasta la actualidad. Seguramente te suene el término *Selección natural*. En pocas palabras y de forma muy simplista, explicaría que un individuo que posea una serie de aptitudes o características que sean favorables en el nicho ecológico donde viva, tendrá mayores posibilidades de sobrevivir y/o tener éxito reproductivo.

Veamos un ejemplo. Imaginemos que tenemos una población de conejos en la tundra ártica donde hay nieve gran parte del año y comparten hábitat con su depredador natural, un tipo de zorro. Estas poblaciones de conejos son fenotípicamente heterogéneas (aspecto físico variable), y entre dichas características se encuentra el color del pelaje. El color que predomina mayoritariamente es el color blanco. Lo cual a priori, parece tener una ventaja para aquellos individuos que la posean pues se camuflarán mejor con el color de la nieve y por tanto serán más difíciles de ser vistos por un zorro. Pero bien, también hay conejos que tienen otros tonos de color, como grisáceo o incluso negro (Figura 1).

Figura 1

De tal forma, ante una situación donde se encuentre un conejo totalmente blanco y otro negro, en el trasfondo blanco de la nieve, ¿cuál será menos visible para su depredador?, ¿cuál tendrá más posibilidades de llegar a etapa adulta?, ¿cuál tendrá, por tanto, mayor probabilidad de generar descendencia?

Podríamos decir que, en este contexto (en este nicho ecológico en concreto), aquellos individuos que tengan genes que expresen el color blanco del pelaje, y por tanto sean blancos, van a poseer una ventaja en ese nicho frente a aquellos individuos con pelaje negro. Por tanto, tendrán mayores posibilidades de generar descendencia, que, a su vez, dicha descendencia poseerá los genes de sus exitosos progenitores.

De esta forma los genes que expresen caracteres favorables en ese entorno tenderán a mantenerse de generación a generación mientras no exista otro factor en contra de presión medioambiental.

Se podría decir *grosso modo*, que así es cómo funcionaría la selección natural. Obviamente el tema es mucho más complejo y tiene multitud de detalles más que aclarar, pero no es el objetivo de este libro. No obstante, nos sirve para poner en contexto y entender mejor por qué hacemos las cosas que hacemos, y por qué sentimos lo que sentimos cuando estamos delante de una gráfica.

Aunque ahora mismo puedas estar pensando qué diablos tendrá que ver el color del pelaje de los conejos con el *trading*, en pocas páginas entenderás todo esto.

SISTEMA INNATO Y SISTEMA LÓGICO

Las funciones cerebrales son amplia y profundamente complejas, pero en términos globales, los psicólogos proponen que el cerebro tiene dos grandes sistemas de funcionamiento en relación a cómo responder ante estímulos externos. El sistema primario o innato, y el sistema secundario o lógico.

El *sistema primario* serían todas aquellas reacciones innatas que se producen ante una situación nueva o frente a la cual el individuo no tiene experiencia previa. También frente aquellas reacciones que supongan un peligro para la supervivencia del individuo. Es decir, son respuestas innatas o arcaicas, la gran mayoría con componente genético que se han ido seleccionando generación a generación porque han supuesto una ventaja evolutiva frente a peligros externos en un momento dado. De tal forma, las emociones tienen un papel fundamental en estas respuestas.

Por ejemplo, si vamos caminando por un callejón solitario a media noche, y aparece un hombre encapuchado, ¿qué sentimientos/

emociones experimentas?, ¿qué respuestas innatas son activadas automáticamente? Probablemente se genere en tu cerebro un estado de alerta. Una sensación de miedo. Tu fisiología se pone en marcha ante los estímulos químicos que tu cerebro está produciendo. Compuestos químicos que son liberados al torrente sanguíneo dependiendo de las emociones que tu encéfalo está experimentando.

Se libera adrenalina al torrente sanguíneo a través de señales neuroquímicas. Tu frecuencia cardiaca y respiratoria se incrementan. Tus pupilas se dilatan. La sangre de tu cuerpo se redistribuye para que esté a la disponibilidad de tu sistema osteomuscular. ¿Qué está ocurriendo? Ante un estímulo externo peligroso, en este caso visual, tu cerebro acaba de poner en marcha toda una serie de respuestas en tu cuerpo para que se encuentre listo para huir o luchar. Toda la fisiología de tu cuerpo acaba de optimizar su estado para el cual es posible salir corriendo o luchar de la forma más enérgica y eficiente posible. Esta respuesta se encuentra innata en nuestro comportamiento pues ha sido una ventaja evolutiva frente aquellos individuos que no eran capaces de ponerla en marcha de forma tan eficiente. Por ende, hay una serie de emociones y comportamientos que han sido heredados a lo largo de millones de años a través de la Selección natural, porque durante la evolución del ser humano han sido favorables.

Si volvemos a vivir esta experiencia de nuevo, nuestro cerebro habrá llevado a cabo algún tipo de aprendizaje, y, por tanto, la respuesta será distinta que la primera vez. Probablemente, se van a activar los mismos mecanismos fisiológicos, pero esta vez de una forma menos intensa. Nuestro cerebro rescatará la información aprendida de experiencias previas para que en esta ocasión la respuesta sea más eficiente. Fisiológicamente estaremos en un estado de alerta, pero menos intensificado. Y nuestro subconsciente proveerá herramientas aprendidas tras la primera situación. La lógica y el razonamiento van a predominar en esta situación, por encima de las emociones. Este sería el sistema *secundario* o lógico.

Pongamos otro ejemplo. En el año 2002, Alex Weir y colaboradores (1) realizaron un estudio experimental sobre el comportamiento y uso de herramientas en cuervos que les valió una publicación en una de las revistas científicas más prestigiosas del mundo. En este estudio, se colocaba en el fondo de un tubo largo y estrecho de cristal, un trozo de comida. Los cuervos podían ver el alimento, pero su pico no era lo suficientemente largo para llegar hasta el trozo de comida. Cercano a los tubos se dejaron una serie de alambres finos de metal que eran fácilmente maleables. Los cuervos, tras desistir intentando alcanzar la comida por el orificio del tubo o picoteando el cristal exterior comenzaron a buscar soluciones alternativas. Hasta que algunos de ellos cogieron uno de estos alambres, doblaron una de sus puntas a modo de gancho y lo introdujeron por el orificio del tubo. Al cabo de unos cuantos intentos de ensayo y error, al final consiguieron "pescar" el alimento y extraerlo del tubo (Figura 2). Asombroso, ¿cierto? La próxima vez que estos mismos cuervos fueron expuestos a la misma situación, apenas tardaron en coger directamente el alambre, doblarlo y exitosamente sacar la recompensa.

Volvamos entonces a los sistemas cerebrales (he de decir que obviamente existen diferencias estructurales y funcionales entre los cerebros de las aves y el del ser humano, pero me parece un buen ejemplo para hacer más pedagógico el cómo funcionan los dos sistemas, y los mecanismos fisiológicos que desempeñan). La primera vez que los cuervos fueron expuestos al experimento tardaron un tiempo considerable en aprender cómo obtener la recompensa. En ese transcurso, sus niveles de cortisol (una hormona relacionada con el estrés) probablemente estaría elevada en sangre. Se encontraban en estado de alerta. Nerviosos. Ritmo cardiaco elevado y frecuencia respiratoria alta durante todo el tiempo hasta que obtienen su recompensa. Sin embargo, ¿cómo piensa el lector que se encontraban estos individuos cuando eran expuestos por segunda, tercera o consecutivas veces ante el mismo problema? Su estado fisiológico apenas se alteraba pues los individuos ya sabían qué debían hacer. No se encontraban estresados porque sabían cuáles eran los pasos a seguir. Durante la activación del sistema lógico, la respuesta fisiológica que se genera en el organismo es muy distinta a cuando se produce una activación del sistema innato.

El *quid* de la cuestión, es que nuestro nicho ecológico, la sociedad en la que vivimos, ha evolucionado y cambiado mucho más rápido que lo han hecho estos comportamientos innatos. Existe una discordancia entre los comportamientos innatos y el nicho ecológico actual.

Estamos hablando de comportamientos seleccionados durante miles de años, formando acervos genéticos favorables que han tardado siglos en generarse. Nuestra sociedad ha cambiado en comparación de una forma tan brusca en los últimos 100-200 años que se ha generado una disociación entre modelos de comportamiento evolutivos y su nicho ecológico. Las emociones como el miedo o la avaricia, por ejemplo, han sido seleccionadas positivamente a pro del beneficio individual durante millones de años. Sin el miedo, un cazador se hubiese enfrentado sin armas y en solitario ante un oso con la ingenua idea de obtener alimento de su carne. Sin la avaricia, al conseguir una pieza de carne no hubiera comido todo lo que su cuerpo le hubiese permitido ingerir, pues nadie le garantizaba cuándo iba a ocurrir la siguiente ingesta.

Figura 2. Un cuervo del experimento llevado a cabo por Weir et al. utilizando un alambre que previamente ha dado forma de gancho para sacar la comida del tubo.

Existen emociones y comportamientos que han sido premiados en otros marcos temporales con contextos socioculturales totalmente diferentes a los de la sociedad actual. Por ello, es normal que existan disfunciones psicológicas en este entorno. No tiene sentido hoy en día, que un individuo (de un país con un aceptable desarrollo socioeconómico) al despertarse, tras dormir ocho o diez horas, ingiera cereales de desayuno o galletas industriales hasta la saciedad. No tiene sentido pues la provisión de comida está asegurada (el frigorífico seguirá en la cocina cuatro horas después). ¿A que ahora no le extraña al lector que nos encontremos en récords históricos de mayor prevalencia de obesidad a nivel mundial? Pero ese es otro tema donde no voy a indagar en este libro.

Tras todo lo expuesto anteriormente, vamos a aplicar todo esto a los mercados financieros. Si hemos comentado que se han seleccionado a lo largo de millones de años comportamientos y emociones para nichos ecológicos con una serie de características. ¿Qué ocurriría si ahora entramos a formar parte de un mundo donde no existe ninguna regla? ¿En el cual existe el libre albedrío? ¿En el cual tu puedes realizar cualquier acción de la forma en que te venga en gana? Y lo más importante, en el cual tu puedes actuar totalmente libre, pero tu mente tiene un *background* preformado de emociones como miedo, avaricia, venganza, etc.

Creo que ya se puede imaginar la respuesta. Nuestra mente no está adaptada evolutivamente a los mercados de valores. Todas estas emociones van a surgir durante la operativa, sobre todo cuando somos novatos. El miedo que se apodera de nosotros, y toda la respuesta fisiológica asociada a este, cuando el precio se esté moviendo de forma amenazante hacia nuestra orden de *STOP LOSS* (SL). Empezamos a sudar, notamos que el corazón se acelera, nos tiembla la mano sobre el ratón, empezamos a pensar que quizás no era tan buena entrada, que ¿y si cerramos la operación antes de que sea demasiado tarde? o ¿y si aumento el SL para que no me toque? ¿Qué ocurre la mayoría de las veces cuando tomamos una decisión en este momento? Que luego nos damos cuenta que ha sido errónea. Quizás el precio se da la vuelta y se dirige hacia tu orden de *TAKE PROFIT* (TP) justo tras cortar la operación a mitad de recorrido de nuestro SL. Quizás aumentamos el SL con la esperanza que el precio se gire para ir a nuestro favor. Y, sin embargo, el giro no se produce y sufrimos una pérdida mucho mayor de la que teníamos fijada.

¿Qué ocurre tras estos momentos? Más emociones. Ira, sensación de venganza, arrepentimiento, culpa, pensamos que somos unos ineptos, etc. Este momento es altamente peligroso. La sensación de venganza y dolor del ego, puede llevarte a intentar recuperar esa pérdida y querer enmendar ese error. La mayoría de las veces, este es el comienzo de una dolorosa espiral de emociones. Emociones que llevan a cometer una serie de acciones inapropiadas que terminan muchas veces con el quiebre de tu cuenta. Y lo que es peor aún, con el quiebre de tu estado psicológico

Nuestra mente no está evolutivamente
adaptada a los mercados de valores.

IRA

Probablemente sea el factor común más importante en la mayoría de los quiebres de cuentas. Uno de los demonios en la mente de los *traders* novatos más difíciles de manejar.

La ira es una locura pasajera por la que
pagamos un alto precio.
Séneca

La ira nubla nuestra vista y nuestro buen juicio. Sacrificamos nuestros objetivos a largo plazo por la necesidad de paliar nuestra sed de venganza en el momento actual. Nos dejamos llevar por ella, mintiéndonos a nosotros mismos y viendo la realidad que queremos ver. No escuchamos o menospreciamos nuestros pensamientos de buen juicio que te dicen que pares por unos momentos y actúes con cautela.

El resultado de dejarse llevar por la ira suele ser catastrófico. Por un lado, la repercusión económica de tu cuenta afectada. Por otro, en tu mente queda el remordimiento, la sensación de culpa y la disminución de tu autoestima profesional.

Todo *trader* pasa en algún momento de su trayectoria por aquí. Merece la pena poner medidas para manejarla, y cortafuegos para evitar resultados catastróficos.

MIEDO

El miedo incapacita la acción de lo correcto. Debemos diferenciar la sensación de alarma y el miedo. Si tienes dudas sobre tu próxima operativa, no lo tienes claro, o hay señales que te avisan de que puedes estar cometiendo un error, no actúes. Si todo está a tu favor de tu estrategia, y actuar fuese lo correcto, no debes dejar de actuar por miedo. Pues si actúas haciendo lo correcto puede ocurrir dos situaciones:

Tu análisis era el correcto y eres premiado con una recompensa económica.

Tu análisis era incorrecto, debes estudiar donde te equivocaste y aprenderás una nueva lección que te hará mejor profesionalmente.

Es decir, independientemente del resultado, si actúas con determinación y de forma correcta, obtendrás un beneficio. Si dejas que el miedo te incapacite para realizar lo que debes hacer, nunca avanzarás profesionalmente. El antídoto del miedo es la acción justa.

Muchos traders fallan porque tienen
demasiado miedo a perder.
Brian Gelber

Es totalmente normal experimentar estas emociones y otras más, al iniciarse en el mundo de los mercados financieros. Bajo mi opinión, es de criterio obligado experimentarlas. Pues solo así vamos a conocernos a nosotros mismos y saber dónde tenemos que poner el foco de mejora. Conocer nuestros errores nos da la oportunidad de aprender.

Es por ello, que, para ser operadores de bolsa rentables y consistentes, hemos de disminuir esta faceta emocional durante la operativa, y desarrollar nuestra faceta lógica.

La razón debe llevar las riendas de tu operativa,
no tus emociones.

A raíz de estos errores, tenemos que aprender a gestionar la operativa de la mejor forma posible para que las emociones cada vez formen menos parte de ella. Y a raíz de este aprendizaje actuar de la forma más objetiva y lógica posible.

Como he comentado antes, esto es totalmente normal al inicio de nuestra carrera como operadores de bolsa. Y lo que quiero que entienda el lector con esta explicación evolutiva, es que es absolutamente natural que experimentemos estos sentimientos. Pues son emociones innatas, con un componente genético asociado. No debemos sentirnos ineptos para esta labor. Simplemente debemos ser conscientes de que forman parte de nuestro ser y debemos a aprender a mantenerlos a raya.

El problema es que estamos en un contexto al que no estamos acostumbrados o adaptados de forma natural. Como debes suponer, nadie está adaptado de forma natural a operar acciones, futuros o materias primas, y mucho menos, al comportamiento de los mercados.

Por suerte, existe la manera inclinar la balanza desde el sistema innato o emocional hacia el sistema lógico, y en este libro te voy a explicar cómo. Al menos, a reducir al máximo el sistema emocional y te voy a proporcionar herramientas para que este no forme parte de tu operativa y no destruya tu cuenta.

CAPÍTULO 2

SESGO DE RECOMPENSA INMEDIATA

Los seres humanos nos encontramos frecuentemente sometidos bajo el tentador yugo del bienestar generado por una recompensa inmediata. Anhelamos tener un beneficio lo antes posible y cuando conseguimos este propósito, es reforzado de forma positiva en nuestro cerebro. Como otros tantos comportamientos y emociones innatas que han presentado una ventaja evolutiva en otros contextos histórico-ambientales. Pero una vez más, al aplicarlos a una situación artificial creada por el ser humano, no existe una buena adaptación.

La búsqueda de una recompensa inmediata en el *trading* es uno de los grandes enemigos del *trader*. Es más, la mayoría de las personas que comienzan en este mundo, han sido atraídas por el famoso marketing esperanzador que inunda las redes sociales.

Los vendedores de cursos lo saben, y lo utilizan a su favor como gancho comercial para atraer clientes. Nos asaltan con mensajes publicitarios en redes donde te incitan a ello: "¿Quieres aprender cómo ganar 50 $ al día desde el ordenador de tu casa?". Te proponen recompensas inmediatas (al día, en 30 minutos, etc.) y además comodidad o mínimo esfuerzo. No verás anuncios donde te propongan conseguir una rentabilidad anual positiva de tus ahorros o cómo realizar interés compuesto sin retirar fondos.

Es tentadora la idea de hacer una gran cantidad de dinero en unos solos minutos o en un día. La mayoría de *traders* novatos se ven seducidos por esta idea e intentan alcanzarla. El problema está cuando en vez de conseguir una cantidad de dinero en un rato, la pierden.

Aquí comienza la cruda realidad de este negocio. Si en tu mente, el mayor motor es el anhelo de conseguir una cantidad de dólares en un día o en una hora, es complicado que bajo esta premisa asuma una pérdida con la posibilidad de cerrar el día en rojo. La vorágine de acciones que suelen acontecer *a posteriori* a este hecho para alcanzar, lo que artificialmente te has propuesto, puede desencadenar en muchos finales diferentes, pero el más probable, es alcanzar tu pérdida máxima diaria o la pérdida de tu cuenta.

Es complicado alcanzar el *clic* mental donde visualizas tu operativa de *trading* como un día o un paso más del proceso a largo plazo que va a hacer que rentabilices de forma adecuada tu cuenta a final de año (mentalidad probabilística).

Para más énfasis, mientras que la realización de las acciones que vayan a satisfacer tu anhelo de recompensa inmediata son obviamente atractivas en tu mente, la herramienta que evita que caigas en ese anhelo, no lo es: el **autocontrol**.

El autocontrol no es para nada satisfactorio en el momento inmediato. Precisamente porque evita hacer lo que más anhelamos en ese momento. Imaginemos que en nuestro plan de *trading* tenemos estipulado realizar una operación al día, sea cual sea el resultado. Si el resultado es TP no genera mucha problemática. Pero si el resultado es SL, la sensación en la mente del *trader* novato es muy distinta. En este caso, nuestro anhelo es conseguir recuperar esa pérdida o incluso salir en TP. Es lo que anhelamos y lo que nos resultaría satisfactorio en ese momento. Una serie de emociones y pensamientos van a enfrentarse en nuestro cerebro. ¿Cuál es más fácil que resulte vencedor, el anhelo o el autocontrol? En ese momento lo más satisfactorio es alimentar o cumplir nuestro deseo. En el momento inmediato nuestra mente considera atractivo lo que más anhelamos y lo que más satisfactorio nos va a parecer. Sin embargo, a estas alturas ya sabemos que no es lo mejor para nuestro plan de negocio.

Además, la obtención de una recompensa inmediata positiva nos refuerza a nosotros mismos y a la gente que nos rodea. Los seres humanos somos seres sociales y buscamos la aceptación y reconocimiento social del resto de la manada. El reconocimiento y aceptación social era un premio muy valioso antaño donde la soledad podía conducir a la muerte. Hoy en día no es tan así. No obstante, de forma innata lo buscamos. Buscamos la admiración de nuestros amigos y familiares o incluso de nuestros seguidores en redes, y ocultamos o nos avergonzamos de nuestros fracasos. Se refuerza aún más por tanto una recompensa, y se castiga o se tiende a la evitación de un resultado negativo o en este caso, bochornoso.

Sé tu propio espectador.
Busca tu propio aplauso.
Séneca

Aquí caben dos posibilidades, que es mejorar el autocontrol o establecer un cortafuego por si este fallase. El problema es que el autocontrol es un mecanismo efectivo solo a corto plazo. Es decir, va a depender de nuestro motivación e integridad moral para hacer lo correcto en ese preciso momento. Y eso podemos realizarlo en algunas operativas, pero es probable que tarde o temprano falle. El autocontrol funciona en contra del anhelo, pues esa es su misión. Si quisiésemos hacer lo que más anhelamos, no habría autocontrol. Para ello hay que poner en marcha una serie de mecanismos conductuales que faciliten este proceso de autocontrol y no fallemos o dependamos de nuestra integridad moral en el futuro. Más tarde explicaremos cómo proceder para cumplir objetivos mentales que nos propongamos de la forma más eficiente posible.

PARTE 2

CAMBIA TU CONCEPTO SOBRE EL TRADING

CAPÍTULO 3

ESTO ES UN NEGOCIO

Esto es un negocio. Tienes que empezar a ver esta profesión como un negocio, y a ti como un emprendedor. Si quieres ser un *trader* de éxito tienes que empezar dejar de influenciarte por los gurús del *trading* que tanto abundan en redes sociales y de pantallazos de miles de dólares en una sola operación. Tienes que ver esto como un negocio más, en el cual tú vas a ser el CEO/jefe/director de la empresa y trabajador al mismo tiempo.

Voy a proponer un paralelismo para intentar esclarecer este enfoque que quiero explicar. Imagina que un amigo tuyo o un familiar te comenta que quiere comenzar un nuevo negocio, en este caso una cafetería en un barrio del extra radio de Madrid. Te pide consejo para hacerse una idea del capital que necesita para emprender este negocio.

Sumando los gastos del alquiler de los primeros meses de un local de tamaño medio, reformas, decoración, menaje, instalaciones, licencias, gastos de luz y agua, materias primas y presupuesto para contratar una persona extra, acordáis necesario un capital de aproximadamente 80 000 €. Una inversión de tal monto, solo para poner en marcha un negocio donde en ningún momento se está garantizando unos ingresos fijos ni establecidos. Cuando el negocio está listo y abre sus puertas, comienza a correr una serie de gastos que entran en contrapartida con las ganancias. Supongamos que una vez en funcionamiento, el mantenimiento general del negocio es entre alquiler, salarios y gastos, de aproximadamente 4000 € mensuales. Es decir, el costo base mensual de mantener funcionando este negocio. Por tanto, para obtener un beneficio mensual neto, los ingresos deben ser superiores al costo base. Resultando que aquellos meses donde los ingresos sean inferiores a 4000 € será un mes deficitario y cuando sean superiores será un mes en superávit. Hasta aquí todo claro.

Si se hacen las cosas de forma correcta, se trabaja duro y el negocio es fructífero superando los ingresos mensuales al costo base, al final de año existirá un beneficio neto. Por tanto, el negocio estará siendo rentable.

Ahora bien, veamos la siguiente perspectiva. Hemos comentado que el costo mensual base es de 4000 € mensuales. Este sería al equivalente a un costo base diario de 133,33 €. Imagino que no somos tan ingenuos como para pensar cada día que abramos el negocio, vamos a facturar si o si un monto superior a ese, ¿verdad?

Tu abres tu negocio, y trabajas de forma profesional durante todo el día. Limpias a fondo la cafetería y las máquinas, atiendes a la clientela de forma amable y respetuosa, ofreces un servicio rápido, etc. Pero existen factores que no están bajo tu control. Por ejemplo, un día con un clima espantoso que resguarda a la mayoría de la gente del barrio en casa. O un día festivo donde decidan irse a pasar el día en la costa.

O simplemente que un cliente habitual hoy decide no ir a la cafetería por cualquier motivo personal. Por tanto, puede ser que se presente un día en el cual entre en la cafetería muy poca clientela y hayas ingresado solamente 50 €, o por el contrario puede ser un día en el que ha venido más gente de lo habitual y hayas facturado 500 €.

Pues bien, ¿a que no te imaginas al dueño del negocio cabreándose, pegando patadas al mobiliario y diciendo que todo esto es una mierda el día que solo ha generado 50 € (o, mejor dicho, un balance neto diario de -83 €)? ¿A qué no se plantea cerrar el negocio por lo que ha generado en un día aislado?

Claro que no. Porque sabe que haciendo las cosas bien, centrándose en hacerlo bien cada día, en poner énfasis en mejorar las cosas que está bajo su control, el resultado a largo plazo va a ser positivo. Asume que habrá días negativos, pero que, a la larga, habrá más positivos que negativos, y que por ende al final de mes/año obtendrá un flujo de dinero hacia su bolsillo.

Pues esto es exactamente igual a lo que ocurre con tu cuenta de *trading*. ¿De verdad te vas a cabrear y pensar en dejarlo todo porque un día has hecho SL?

Ponte en perspectiva (Figura 3).

Figura 3. Observa tu progreso con perspectiva.

Esto es un negocio. Debes apartar la vista de las ganancias cortoplacistas y pensar en resultados a largo plazo. No obstante, debes poner tu foco en el ahora, en el momento presente, pero no sobre el resultado, si no sobre tus acciones.

Si tienes un capital inicial, que va a ser tu inversión en este negocio, y cada día vas a trabajar con él, tienes que tener aceptado de antemano que habrá días buenos y malos. Fin de la historia.

¿Tienes un sistema válido con esperanza matemática positiva? Si haces las cosas correctamente (si cumples tu plan de *trading*) al final del año serás positivo, al igual que el empresario de la cafetería.

La clave es desarrollar una mente probabilística. Ese va a ser el verdadero punto de inflexión en tu carrera como *trader*.

En el momento en el cual desarrolles una mente probabilística, estarás dando tus primeros pasos hacia la consistencia en el trading.

Vayamos más allá y hablemos de las rachas negativas. Al igual que el empresario de la cafetería o cualquier otro negocio, hemos de ser conscientes de días aislados malos, días consecutivos, semanas e incluso meses que no van a ser positivos. Y esto es totalmente normal, aunque hagamos las cosas de la mejor manera posible. Tenemos que tener en cuenta lo que significa que una estrategia tenga una esperanza matemática positiva.

Imaginemos que tu sistema de *trading* tiene un 60 % de efectividad. Esto significa, que cuanto mayor sea el número de operaciones que realices, más se aproximará a esta cifra. Esto quiere decir que, de media, si realizas 100 *trades*, 60 serán positivos y 40 negativos. Obviamente habrá veces que esto será un 50/50 o un 70/30. Pero de media un 60/40. Así pues, debes aceptar emocionalmente cuando ocurre un resultado negativo, que este forma parte de ese porcentaje de operaciones negativas que vas a realizar a lo largo del año.

Cuando obtengo un SL, me digo a mí mismo:
ok, este es uno de esos trades que van a formar
parte del pool de resultados negativos
de mi estrategia.

Otro aspecto a tener en cuenta es, que el orden en el cual se van a acontecer estos resultados es meramente azaroso. Es decir, si realizas 100 operativas de las cuales 40 han sido negativas, es más que probable que se sucedan de forma consecutiva varias de ellas. Y llevado al caso más extremo y altamente improbable, que se den las 40 operativas negativas de forma consecutiva, y posteriormente 60 operaciones positivas, y, aun así, al final de esos 100 *trades*, el resultado sería positivo.

Por tanto, cuando obtengas un resultado negativo, piensa para ti mismo: "ok, este es uno de esos *trades* que van a formar parte del *pool* de resultados negativos de mi estrategia". Cuando entiendas esto (mente probabilística), no te va a doler emocionalmente un STOP siempre y cuando entre dentro de tu sistema y plan de *trading*.

No quiero decir con esto que seas conformista con tus errores sino todo lo contrario. Estudia ese SL y pregúntate a ti mismo si hiciste lo correcto. Mejora tu sistema gracias a tus fallos. Pero no intentes buscar la revancha al mercado, no pierdas los papeles en una operativa. Ante todo, respeta tu plan. *A posteriori*, estudia tu operativa.

Conozco *traders* profesionales que con un capital de 150 000 $ generan de media en torno a 80 000 $-100 000 $ anuales (rentabilidad en torno al 70-80 % anual) con sistemas de *trading* imperfectos (efectividad en torno al 60 %). Estos *traders* no han tenido solo un día malo, si no que han tenido semanas consecutivas malas, y meses incluso en negativo. ¿Sabes cómo actúan estos profesionales cuando un día sale en negativo? Igual que si hubieran salido en positivo. ¿Y tras tres días consecutivos en negativo? Igual que si hubieran salido en positivo. ¿Piensas que se plantean cambiar de estrategia o de forma de operar cuando hacen un mes en negativo? Para nada. Confían en la estrategia, en la estadística y en sí mismos.

No quieras tener una estrategia perfecta.
Cumple perfectamente con tu plan de trading,
y serás rentable.

¿Quieres ser un *trader* profesional? Entonces actúa como un *trader* profesional. Deja las rabietas para los novatos. Confía en tu sistema y cumple tu plan de *trading*. No hay más secretos.

FÓRMATE PARA COMENZAR TU NEGOCIO

Una duda muy habitual en las personas que se inician en el *trading* y que suelen preguntarme es: ¿cuánto dinero necesito para tradear?

Independientemente de cual fuese una respuesta económica adecuada al instrumento a elegir, a su *trading* plan, etc., siempre les comento lo mismo: "Lo primero que debes hacer es formarte bien. Utiliza el capital que tienes ahora para obtener unas buenas bases y crear tu propio sistema. Es la mejor inversión que puedes hacer en este momento".

Si una persona desea montar un negocio de tartas de quesos, no tiene mucho sentido que abra el negocio y luego comience a probar recetas, sin saber si resultan realmente deliciosas o si suele gustar a la gente que las ha probado. Realmente no parece muy sensato tirarse a la piscina sin tener un plan culinario estricto ni una estrategia de negocio.

Si tu objetivo es abrir ese negocio, primero céntrate en el sistema y fórmate bien. Estudia todo lo que hay en torno a las tartas de queso, conviértete en un experto en tartas de queso.

Lo más lógico es que comiences en casa, con tu propio horno, a probar recetas y hacer cientos de tartas de quesos hasta que encuentres la adecuada. Esta es la fase de ensayo-error que te llevará a encontrar tu tarta de queso de éxito a un costo muy bajo. Cuando tengas todo bajo control (tiempos de horneado, temperatura, etc.) y la receta perfecta (proporciones, ingredientes, etc.), estarás listo para dárselo a probar a la gente y evaluar un *feedback* de tu tarta de queso estrella. Verás entonces si tu producto tiene validez externa y será el momento de valorar iniciar un negocio e invertir dinero en él.

Todo negocio requiere un proceso, y si quieres obviar pasos te puede costar mucho dinero y tiempo. Debes ser inteligente y eficiente y no dejarte influir por las prisas ni el FOMO[1].

Da igual el negocio que quieras emprender, primero hazte un experto sobre el tema, asegúrate de tener una estrategia y un mapa de ruta, estudia el producto a la perfección y cuando objetives su potencial, pasa a la acción.

En el negocio del *trading* es igual:

1. Debes conocer a la perfección el instrumento que vas a trabajar (futuros, acciones, forex, etc.).
2. Estudiar un sistema o estrategia con parámetros objetivos y claramente definidos.
3. Validar ese sistema con los mínimos costos posibles y objetivar eficacia bruta (*backtesting*).
4. Validar en real la eficacia neta de tu sistema con factores añadidos (tiempo, emociones, etc.) con bajo gasto (demo, cuentas de fondeo, etc.)

Este es el proceso real, arduo y necesario para prepararte y formarte adecuadamente para comenzar a operar en el mercado de valores. No es fácil ni rápido. Pero cuanto más tiempo y esfuerzo inviertas en él, más lo agradecerás después.

Esto es solo el primer paso, la experiencia en real será el siguiente nivel de aprendizaje y el que realmente te va a curtir y te va a poner a prueba como *trader*. Pero sin la fase previa no deberías arriesgar tu capital (por poco que sea).

---

[1] FOMO de sus siglas en inglés: Fear Of Missing Out. En español "Miedo a quedarse fuera". Es el miedo a dejar escapar una gran oportunidad, y que en ocasiones crea la una ausencia de paciencia pudiendo provocar una acción precipitada.

CAPÍTULO 4

ERRORES MÁS FRECUENTES

Vamos a hacer ahora un repaso de aquellos errores más frecuentes en el *trading*, pues conociendo de forma objetiva los fallos, seremos capaces de encontrar una solución.

4.1. SOBREOPERAR

Probablemente sea el ítem de los errores en el *trading* más frecuentemente mencionado. Y es que, bajo mi propia experiencia y la de mi círculo de compañeros y amigos de profesión, es sin duda uno de los errores que más se comete y a su vez, uno de los más difíciles de erradicar.

Entiéndase por sobreoperar como el hecho de superar el número de *trades* contemplados en un plan de *trading*.

Es decir, en el caso de una persona que tiene estipulado en su plan de *trading* una operativa por sesión, si realiza tres entradas habrá sobreoperado. No lo será pues para quien tenga como base un máximo de tres entradas diarias.

En los inicios como *trader* es frecuente la sobreoperación, ya sea por la necesidad de recuperar una pérdida y no aceptar un SL, o por la ansiedad inmadura de querer entrar en el mercado y no tener la suficiente paciencia para que se generen todos los parámetros de nuestro *set up* de entrada, etc.

La ansiedad por entrar al mercado puede llevarnos a la precipitación y realizar una entrada sin señal de entrada objetiva. Si esa entrada acaba en SL y más tarde se da de forma correcta nuestro *set up*, nos sentiremos tentados a volver a reingresar al mercado. Recuerda que esto no es juego, no somos *Gamers*, somos *Traders*. Probablemente haya quedado suficientemente esclarecido en al capítulo previo la importancia de entender el *trading* como un negocio, y no como si de un videojuego se tratase.

Voy a dejar tres justificaciones por las cuales, el sobreoperar va en contra de tu operativa, sobre todo a largo plazo:

a) **Obnubilación mental.** Sin lugar a dudas, la más importante. Al realizar más entradas de las que tenemos establecido, nuestro juicio analítico y racional va descendiendo de forma gradual. Estadísticamente, se ha visto que, en la mayoría de ocasiones, la primera entrada que realizamos suele ser la que más se ajusta a la estrategia dada. Probablemente se deba a que estamos concentrados viendo lo que el precio está haciendo, y esperando a que se produzca un *set up* de nuestra estrategia. Pero a raíz de ahí, las siguientes entradas pueden verse sesgadas de forma subjetiva por el resultado de la operación anterior. Es decir, las emociones generadas por el resultado de esta primera operación, van a condicionar cómo gestionemos las siguientes operaciones. Y tan peligroso puede ser la euforia de un TP como la venganza o ira de un SL. Probablemente no actuemos con la misma objetividad y paciencia a la hora de elegir el siguiente *set up*, y mucho menos, actuar durante el desarrollo del *trade* de la forma más racional posible sin estar condicionados por el resultado previo. Para dejar un ejemplo más gráfico, recuerdo que uno de mis mentores (en mis inicios formativos del *trading*) un día de operativa en directo, hizo un primer *trade* que fue perdedor. La entrada fue totalmente válida según su estrategia, pero obtuvo un resultado negativo. Al poco tiempo, se produjo otra señal de entrada en el mercado, y realizó un segundo *trade*, el cual se contemplaba dentro de su gestión de riesgo. Hasta aquí, todo en orden. Pero, no obstante, al realizar la segunda entrada dijo: "Voy a cubrirme en BREAK EVEN (BE) lo más rápido posible, ya que he perdido X dinero hoy, y no estoy dispuesto a irme con 2X en negativo". Esto realmente no estaba contemplado en su plan de *trading* (cubrirse de forma precipitada), si no que estaba tomando una decisión no objetiva y totalmente improvisada. Como consecuencia, al cubrirse de forma anticipada, el mercado le sacó de la operativa tras una pequeña oscilación del precio, y luego acabó subiendo hasta donde tenía colocada su orden de TP. Con esto quiero decir, que es necesario desarrollar una fuerte madurez mental y emocional, para que resultados previos no afecten a tu operativa posterior mediante alteración del sistema emocional. ¿Se puede? Por supuesto que sí. No obstante, sobre todo durante el desarrollo profesional de *trader*, y más específicamente en la fase principiante y media, es más que probable que sí que nos afecte, y por tanto la sobreoperación nos salga muy cara.

b) **Gestión del riesgo**. Si se enturbia la claridad mental y sobreoperamos, es muy posible que destrocemos nuestra gestión del riesgo. Este epígrafe, sería una vuelta más de tuerca del anterior. Si sobreoperamos, y acabamos teniendo resultados no favorables, el balance de nuestros sistemas cerebrales se acaba decantando hacia el emocional, ¿no crees que es más que probable que entre ira, frustración y sed de venganza, nos acabe importando muy poco que en nuestro plan de *trading* nos habíamos propuesto una pérdida máxima diaria de X dólares? Efectivamente, la respuesta es que nos va a importar muy poco o nada. Nuestro foco mental va a estar centrado en recuperar esa pérdida y no le va a importar nada más. Te vas a engañar a ti mismo diciéndote, total si ya he perdido X, ¿qué más da si pierdo un poco más? Pues sí que da. Y te vas a dar cuenta cuando el remolino de emociones haya cesado, te hayas enfriado, y bajo la perspectiva de tu sistema lógico, veas tu hoja de Excel con una pérdida horrorosa que ha echado a perder una, dos o varias jornadas de buen trabajo. Uno de los dogmas de la rentabilidad del *trading* es: "Nunca sobrepasar la pérdida máxima diaria". Nunca. La pérdida máxima diaria se establece en función de un porcentaje responsable de pérdida asumido de tu cuenta (de forma general, el 4 % diario de tu cuenta). Y no se debe superar si no quieres permitir tener pérdidas abismales de tu herramienta de negocio. Si lo haces, no estas siendo profesional. No estas siendo buen *trader*. No estas siendo una persona en la cual confiarías un capital. Porque estas siendo irresponsable e inmaduro. Y no caigas en autoengaños. Porque llegar a tu pérdida máxima y volver a exponerte a otra pérdida porque piensas, "bueno, qué más da algo más de pérdida si ya estoy en negativo igualmente", es lo mismo que si conduciendo se te pincha la rueda del coche, y te bajas para pinchar las otras tres. Siempre, se puede ir a peor. Eso sí, el único límite es el fondo de tu cuenta.

Porque llegar a tu pérdida máxima y volver a exponerte a otra pérdida porque piensas, "bueno, qué más da algo más de pérdida si ya estoy en negativo igualmente", es lo mismo que si conduciendo se te pincha la rueda del coche, y te bajas para pinchar las otras tres.

c) **Comisiones**. Por último, si no te parecen suficiente las razones previas y cómo estas van a alterar tu salud mental como profesional (y más que probablemente la salud de tu bolsillo), has de saber que las comisiones acumuladas por múltiples operativas pueden acabar mitigando el ansiado beneficio económico que has podido conseguir después de una larga y estresante sesión de sobreoperación. Probablemente, sea el aspecto menos importante bajo mi punto de vista. Pero en ciertas ocasiones adquiere un papel más que relevante.

Resumiendo, debes establecer un número de operaciones por sesión operativa y dejarla reflejada en tu plan de *trading*. Esto obviamente es algo que depende de la personalidad y del sistema que estés utilizando. No obstante, debes ser honesto contigo mismo y tener meditado cómo se ajustarían a ti las diferentes posibilidades. Ver si eres capaz de gestionar las diferentes combinaciones de resultados con total tranquilidad y entereza, y que puedas cumplirlas a largo plazo. Con experiencia y tiempo en los mercados irás conociéndote a ti mismo y descubrirás que es lo que mejor se adapta a ti. Una vez determinado, ajústate a tu plan de *trading* y no te permitas incumplirlo. En capítulos posteriores daremos algunas herramientas para que esto ocurra y tengas un seguro sobre ti mismo.

4.2. FANTASÍAS Y TOXICIDAD DE LAS REDES SOCIALES

En primer lugar, voy a comenzar lanzando una pregunta. ¿Por qué comenzaste a interesarte por el *trading*?

Lo más posible es que tú, al igual que la gran mayoría de personas que se interesan por este tema, sea por el dinero. Porque han conocido o han visto en redes a un tipo que ha hecho en apenas unas horas una cantidad abismal de dinero, mientras estaba sentado en su casa frente al ordenador. Porque ese tipo tan solo hace clic con el ratón, y te enseña que así de fácil hace miles de dólares al mes. Porque este tipo tiene un Ferrari en la puerta de su casa, una piscina infinita, y está sentado en el jardín con una copa de *Champagne* en una mano y con la otra en el portátil. Porque además este tipo tiene un sistema con el cual prácticamente siempre gana dinero, casi nunca pierde. Porque te quiere mostrar que no requiere apenas esfuerzo. Que es dinero fácil.

Posiblemente este tipo de marketing esperanzador es una de las cosas que más daño han hecho a esta profesión. Porque te hacen creer que, si le pagas un curso de formación o contratas un servicio de señales, tú vas a ser ese tipo a partir del mes que viene. Porque es muy fácil. Y si te acaba convenciendo este anuncio con esta expectativa irreal, y acabas adquiriendo su curso, te das cuenta que no es tan fácil hacerse rico en un mes. Suponiendo que no caigas en alguna de las estafas piramidales que hay este campo. O es una formación perfectamente lícita, pero te das cuenta que no siempre ganas y que el sistema no es tan perfecto como lo pintaban. Que se pierde de vez en cuando, aunque hagas las cosas perfectamente según la estrategia. Y que con 500 $ no eres capaz de generar 3000 $ mensuales.

Todo esto lleva al desengaño, a la desilusión y al desprestigio de esta profesión. Y por desgracia es totalmente normal. Yo mismo desconfiaba de estos gurús del *trading* por la falta de transparencia de su método y de lo que realmente hacían y cómo. Debía confiar ciegamente en la palabra de un tipo al que no conocía y pagarle 2000 $ para que me enseñara lo que él hacía, sin tener ni idea si era real o no. Además, algo que siempre me generaba duda era, si todos estos gurús siempre ganan tanto dinero, y estaban tan seguros de que su método era "El método", ¿por qué diablos se iban a molestar en perder tiempo creando formaciones y enseñarle a la gente si ellos podían realizar todo el dinero que hubieran querido, pues su método es prácticamente perfecto? Algo fallaba. Y esos pensamientos los he tenido yo y muchas personas que se han asomado a este mundo.

Es más, voy a explicar porque decidí aventurarme finalmente en este mundo y contratar los servicios de un mentor. Uno de mis mentores en mis inicios, decidió *operar* en vivo con su cuenta real durante unos días para que la gente pudiese ver qué hacía (una estrategia de marketing más). Pero lo que me hizo decidirme por este tipo, fue que el primer día que operó perdió 200 $ y cerró el día en pérdida, asumiéndolo de una forma muy natural. Eso me extrañó, pues no es lo que acostumbras a ver en redes. El segundo día lo volví a ver en directo. Volvió a perder 200 $. Por un momento fugaz se me pasó la ligera idea que este tipo no era muy bueno. Si la mayoría de gurús ganan muchísimo y todos los días, ¿por qué iba a elegir a este hombre como mentor? Este tipo asumía el resultado como una estadística que a la larga se cumplía a su favor y no le daba tanta importancia a un resultado asilado. Al tercer y cuarto día, ganó 400 $ cada uno de ellos. Me pareció profesional y transparente el hecho de asumir las pérdidas igual que las ganancias, más allá de si la efectividad de su método era extremadamente buena o solamente buena.

A donde quiero llegar con este punto, es que no sean tan ingenuos de creer al pie de la letra todo lo que ven en redes sociales. Existe mucha falsa ilusión. Existe mucha pantalla con resultados trucados. Hay muchas cuentas que generan falsas expectativas. Y la mayoría de las veces, enmarcadas en una estrategia de Marketing.

El *trading* real y profesional no es así. Es un negocio donde predomina la responsabilidad y la profesionalidad. Es un negocio de pérdidas y ganancias. Es un negocio donde debe haber un meticuloso control del riesgo. No debería utilizarse para agrandar su propio ego y fanfarronear de una ganancia aislada.

4.3. AÍSLATE DE LO QUE RESTA. RODÉATE DE LO QUE SUMA.

El segundo punto del que quiero hablar va en relación también con el punto anterior. Aíslate de lo que resta y rodéate de lo que suma.

Un hecho que experimentamos unos cuantos amigos que nos conocimos durante una de las formaciones que realizamos, fue la toxicidad de los grupos de Chat del grupo de formación. Tras el día de operativa, los miembros del grupo solían subir pantallazos de sus operativas y los resultados obtenidos. Nos dimos cuenta al poco tiempo, que el 95 % de las intervenciones en el grupo eran resultados positivos. Luego, por chat privado la gente te comentaba que habían tenido un SL o algo peor. Pero eso no lo comentaban por el grupo, claro está. Es decir, la gente publicaba cuando le salía la operativa bien, pero no cuando había hecho un SL o 5 SL y había quebrado la cuenta.

Es lo que denomino el *Sesgo del Trader Tóxico*. Cuando los miembros de esta mentoría obtenían resultados negativos no subían sus *Trades* al grupo de chat. No se pronunciaban. Como si no hubiesen operado. Bien por vergüenza, miedo a una crítica o a las comparaciones con aquellos que habían obtenido buenos resultados. Ahora bien, si habían obtenido resultados positivos, eran los primeros en subir su operativa o incluso intervenir en medio de la clase en directo para contar su fantástica proeza. Yo he llegado a ver ejemplos muy extremos de *Traders Tóxicos*. *Traders* que han quemado varias cuentas seguidas por mala gestión emocional y del riesgo, y que, entre tanta espiral de locura, intervienen en los grupos para comentar que son ejemplos a seguir porque el día de hoy han hecho un beneficio asombroso.

Lo peor de este tipo de situaciones es la repercusión emocional que genera en otros miembros, sobre todo principiantes. Imagínese que usted se encuentra en una racha negativa. Que ha encadenado tres días de pérdidas consecutivas pese a hacer las cosas acordes a su estrategia y plan. Es decir, una racha negativa contemplada en la estadística. Pero especialmente si usted es novato, puede generarle una presión emocional. Puede comenzar a despertar dudas e inseguridades sobre sí mismo. ¿Qué efecto cree que puede generar en usted, si a pesar de todo lo explicado, cuando entra en los grupos de sus compañeros *traders* ve que "prácticamente todos excepto usted" han obtenido resultados positivos? Su autoestima será aún más lastimada. Empezará a pensar que usted es el único no capaz de haber visto esa entrada o no haber ejecutado correctamente.

Mi consejo es el siguiente. Céntrate en ti mismo y en tu operativa. Sé crítico contigo mismo y lleva un registro de tus operaciones (hablaremos de esto más adelante). Pero nunca te compares con otros *traders*, y mucho menos con *traders* tóxicos. Aíslate de lo negativo.

Y esto se aplica a las cuentas de redes sociales a las que sigue. Una vez leí que lo que seguimos y vemos en redes (*Instagram*, *Tiktok*, etc.) nos ayuda o nos hunde día a día. Y creo que no puede ser más cierto en este ámbito. Olvídate de los gurús del *trading*. Porque gran parte de las cuentas de redes también tienen comportamientos tóxicos, y son muy pocos los que reflejan su operativa de forma transparente y fiel. Debemos ser conscientes que la gran mayoría de cuentas del marketing esperanzador que vemos en redes, es para venderte su curso. Y obviamente vende más, enseñarte que ha ganado 2000 dólares en un día, en lugar de que ha perdido 1000 dólares.

Así que se radical con las cuentas a las que sigues. Sigue solo aquel *trader* que sabes que te genera información de calidad y te ayuda día a día a mejorar tu mentalidad. Al igual que debería serlo tu mentor.

Deja los grupos tóxicos. Deja los gurús. Rodéate de gente de calidad y que aporte valor. Esto va a generar una mejora de calidad en tu mente de *trader*.

4.4. SOBREAPALANCARSE

Probablemente junto a sobreoperar, sea uno de los errores metodológicos más sufridos por los *traders* novatos. Varias razones pueden llevar a un *trader* a aumentar su exposición en el mercado de forma irresponsable.

La primera, y la más frecuente en principiantes, es el deseo de obtener beneficios rápidos. La recompensa positiva inmediata es un deseo muy jugoso para una mente inmadura en los mercados financieros. Más aún si esta mente ha sido alimentada por información malversada y expectativas irrealistas de las redes sociales. El subconsciente se forma ideas y expectativas a raíz de información visual y auditiva que le vamos proporcionando de forma rutinaria. Y esto hace que veamos las operativas de los mercados como la opción de ganar mucho dinero en muy poco tiempo. Y esto es una de las grandes diferencias entre un *trader* novato, y un *trader* profesional.

El *trader* novato ingresa en el mercado con el foco puesto en objetivos gananciales. El *trader* profesional, ingresa en el mercado con el foco puesto en la pérdida máxima a la que se expone según su capital. Esto no quiere decir que no visualice una operativa con una buena relación riesgo/beneficio. Todo lo contrario. Pero lo hace a expensas de su pérdida máxima, sin perder nunca este objetivo. Y si esta es superada, no tomará ese *trade*. Sin embargo, el *trader* novato, corrompido por las ansias de obtener un resultado espectacular, ingresará con un apalancamiento que en caso de que el resultado sea negativo, puede destrozar buena parte de su cuenta.

La segunda, y en muchas ocasiones está relacionada con la primera, es el deseo de recuperar una pérdida. La sed de venganza. La incapacidad de aceptar un SL. Priorizar el ego sobre la gestión y futuro de tu negocio. Esto puede llevarte (muy probablemente) a volver a ingresar en el mercado incluso pese a haber alcanzado nuestro riesgo máximo diario (primer error). Pero es que, en ocasiones, en este momento de obnubilación mental, se nos ocurre la genial idea de aumentar nuestro apalancamiento, pues así podemos recuperar la pérdida e incluso salir en ganancias (segundo error). Como ya hemos comentado previamente, en este torbellino emocional entre frustración, ira y venganza, probablemente nuestro sistema cerebral lógico no será el que domine nuestras acciones, y probablemente la entrada que elijamos no será ni la más técnica, ni la más adecuada, ni la que gestionaremos de la mejor forma posible, por lo que a toda esta suma de errores lo que más probablemente obtengamos sea una pérdida histórica.

Estos casos dan uso de razón a una de las premisas más incisivas de los *traders* expertos: **Gestión del riesgo**. ¿Por qué se hace tanto hincapié en operar con una pérdida máxima por operación del 1 % o del 2 %? En el caso de que estemos operando con un riesgo máximo de 1 %, será necesario que realices 100 SL consecutivos para quebrar tu cuenta. En caso del 2 %, serán necesarios cincuenta. Esto es (exceptuando que seas un operador tremendamente inexperto, altamente inepto o con una estrategia más que cuestionable) casi imposible que ocurra si lo cumples.

Por tanto, como se puede entender, la gestión del riesgo es un pilar fundamental para mantener una consistencia y rentabilidad deseada. En definitiva, protegerá tu capital y tu negocio.

¿Y por qué es tan complicado no caer en este error? Como hemos comentado previamente, muchos factores emocionales van a interceder en llevarnos a este punto. Por suerte, hay mecanismos para evitar caer en estos errores que explicaremos más adelante.

4.5. METAS vs SISTEMA

En los mercados bursátiles, ganadores y perdedores comparten la misma meta: ganar dinero de forma consistente. Entonces, ¿qué diferencia a ambos?

En una encuesta que se realizó en una de las formaciones de *Trading* a las que asistí, se preguntaba qué objetivos se planteaban en sus futuras carreras como operadores de bolsa. El cien por cien de los participantes escribió entre sus objetivos, ganar una cantidad aproximada de dinero al mes. Como si establecieran un sueldo mensual. Cuando los individuos comenzaron a operar en mercado real con cuentas reales, la gran mayoría acababa perdiendo la cuenta antes de que terminase ese mes. La presión para alcanzar ese objetivo propuesto, les hacía hacer todo tipo de trampas y triquiñuelas para alcanzarlo, y lo que es peor, en el menor tiempo posible. No respetaban el plan de *trading*. Y por supuesto toleraban muy mal un resultado negativo y el consecuente retroceso hacia su objetivo. Especialmente si estaban con un monto cercano a este, lo que les hacía intentar recuperar esa posición ventajosa y acabar liquidando la cuenta mediante la sobreoperación y el sobreapalancamiento. Incluso los que habían conseguido llegar a su objetivo antes de terminar el mes, dejaban de operar para no quedarse por debajo de la meta. Por tanto, quien lo conseguía, como máximo en un mes alcanzaba esa cantidad fija, pero nunca se daba la oportunidad de alargar las ganancias.

En el *trading* es imposible estimar los resultados futuros. Es más, en mi opinión es contraproducente fijarse unos resultados objetivo. Pues entonces al igual que los participantes de la encuesta, sentirán una presión sobreañadida para alcanzar dicho objetivo. En los mercados bursátiles hay que abrazar la incertidumbre. Pues no todo lo que ocurre está bajo nuestro control.

Los *traders* profesionales no se centran en metas. Se centran en el sistema. Se centran en hacer autocrítica, corregir y mejorar su sistema. En hacerlo lo mejor posible en cada operativa. Cumpliendo su plan de *trading*. Es más, si ejecutan una orden cumpliendo perfectamente su plan y estrategia, estarán orgullosos y contentos con su trabajo, sea cual sea el resultado. Pues la diferencia es que, al mejorar todos los aspectos de tu sistema, aunque sean minúsculos y centrarte en el proceso, hará que inevitablemente alcances una meta. Pero esta meta no es una cantidad fija de dinero al mes. La meta es convertirse en la clase de *trader* que es capaz de generar una rentabilidad sobresaliente a largo plazo. La meta no debe ser "hacer dinero". La meta tiene que ser "convertirse en un *trader* capaz de generar dinero" de forma consistente.

La meta no debe ser "hacer dinero".
La meta tiene que ser "convertirse en un trader capaz
de generar dinero de forma consistente".

Al centrarnos en el proceso y no en los resultados, nos enfocamos en disfrutar del camino sin sentir frustración por un resultado aislado (Figura 4).

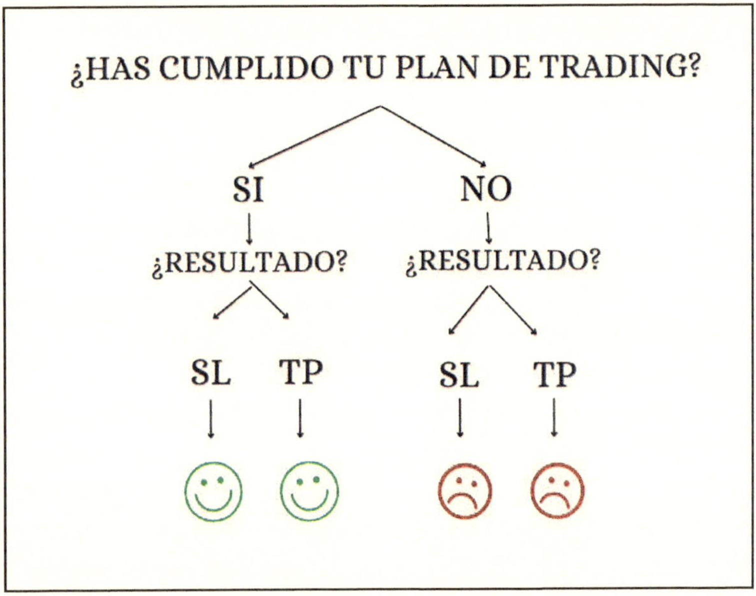

Figura 4. La importancia de poner el foco en lo importante (cumplir tu plan de *trading*) y no en lo indiferente (resultados).

Pues no debemos atravesar este proceso sin disfrutar de él. No debemos anhelar la felicidad solo cuando consigamos la meta. Pues la felicidad que engloba el momento de la victoria es efímera y mucho inferior a la que imaginamos con nuestras expectativas. La felicidad está en el paso a paso que realizamos durante el proceso y de cómo mejoramos los sistemas.

Los errores son el éxito en proceso.
Albert Einstein.

Un SL, ¿fracaso u oportunidad? Debes visualizar cada error en tu operativa como una nueva oportunidad de mejora de tu sistema. Preguntarte a ti mismo por qué ha podido fallar esa operación: lectura, ejecución, gestión mental, etc. Apuntar ese error y cómo solucionarlo. Mejorar tu sistema con cada error de forma porcentual. Tras cometer muchos errores, tu sistema habrá mejorado de forma significativa, y tú serás un *trader* mejor y más experimentado. A partir de ahora mira el vaso medio lleno, y enfócate en las nuevas oportunidades de aprendizaje que te ofrece el mercado a raíz de tus "errores".

Que el arquero acierte en la diana,
es el resultado de cien flechas erradas.

4.6. IMPACIENCIA

Podemos contemplar la impaciencia principalmente en dos situaciones distintas: a corto y a largo plazo.

Ambas movidas por motores diferentes, pero con repercusiones negativas.

1. La impaciencia a **corto plazo**.

Promovida principalmente por la ansiedad, nos hace buscar durante la sesión operativa una entrada para paliar nuestros deseos de participar en el mercado.

Esta ansiedad nos hace en muchas ocasiones forzar entradas, ver lo que queremos ver en lugar de observar lo que está ocurriendo y esperar pacientemente una oportunidad clara que forme parte de nuestro sistema.

Nos engañamos a nosotros mismos buscando resquicios legales que justifiquen entrar en un determinado punto, debido a que "ya se pasó nuestra oportunidad". Ingresamos por el miedo a que se nos escape un movimiento, entrando tarde y mal (disminuyendo nuestras potenciales ganancias y aumentando nuestras potenciales pérdidas). Cerramos la operación o agobiamos al precio cuando queda poco para llegar a su TP en lugar de esperar a que llegue donde pacientemente habíamos analizado.

2. La impaciencia a **largo plazo**.

Promovida principalmente por el sesgo de recompensa inmediata comentado al inicio de este libro.

La impaciencia de esperar frutos de este negocio a largo plazo, buscando ganancias diarias o que nos resuelvan la vida en días o semanas.

El cantero golpea con su pico una y otra vez
la dura piedra sin apenas crear una pequeña
grieta en su superficie. Hasta que de repente,
un golpe hace que se resquebraje en dos.
No ha sido este último golpe el que ha roto la roca.

La impaciencia de no obtener un beneficio monetario inmediato nos hace olvidar el verdadero sentido del objetivo que tiene esta profesión. Trabajo duro y crear rentabilidades mensuales/anuales positivas sobre nuestro capital. Cualquier profesión o trabajo usual requiere un tiempo de formación, de esfuerzo, de estudio, sin ver ni un solo céntimo de euro. Si no al contrario, de hecho, debemos pagar con tiempo y dinero para conseguir habilidades que nos permitan desarrollarnos como profesionales de cualquier sector.

Si quieres ser médico en España necesitas estudiar 6 años de carrera universitaria y al menos otro año para realizar una de las oposiciones más competentes a nivel nacional, solo para conseguir un puesto de trabajo. Es decir, aproximadamente siete años. Además del tiempo dedicado, necesitas pagar la matrícula universitaria, la academia de la oposición, libros, apuntes, etc.

¿Realmente piensas que, por aprender un curso de 7 videos de algún curso de *trading*, vas a comenzar a ganar 3000 euros al mes? O, mejor dicho, ¿no crees que deberías tener la paciencia de estudiar y formarte como *trader* durante un tiempo sin pensar en la necesidad de hacer dinero rápido?

El dinero fácil no existe, y en el *trading* la prisa es una mala compañera de viaje.

Para ello debemos desarrollarnos psicológicamente y perfeccionar nuestro sistema técnico. No esperes obtener dinero fácil de forma inmediata. Trabaja duro y de forma inteligente, y el dinero será una consecuencia de ello.

La paciencia determinará que llegues o no a una versión futura de ti mismo con el potencial que quieres. Si desistes a la primera de cambio por no conseguir miles de euros en unos meses no llegarás muy lejos. Para ello asume los inconvenientes del camino. Aprovecha cada obstáculo para aprender y forjarte.

PARTE 3

REPROGRAMA TU MENTE
EL PROCESO

Hasta el momento hemos comentado aspectos psicológicos y acciones que pueden suponer implicaciones negativas o positivas sobre nuestro *trading*. Por así decirlo, hemos comentado la teoría. Pero el salto palpable y que se refleja en los resultados, es la práctica de todo ello de una forma eficiente, sostenible y responsable.

Para ello debemos reprogramar nuestra forma de pensar y de ver el *trading*. Debemos "reprogramar la mente":

En este capítulo vamos a explicar cómo reprogramar nuestra mente y acciones, y, además, voy a proporcionarte herramientas y ejemplos para que puedas llevarlo a cabo desde el momento que termines este libro.

Reprograma tu mente. El proceso.

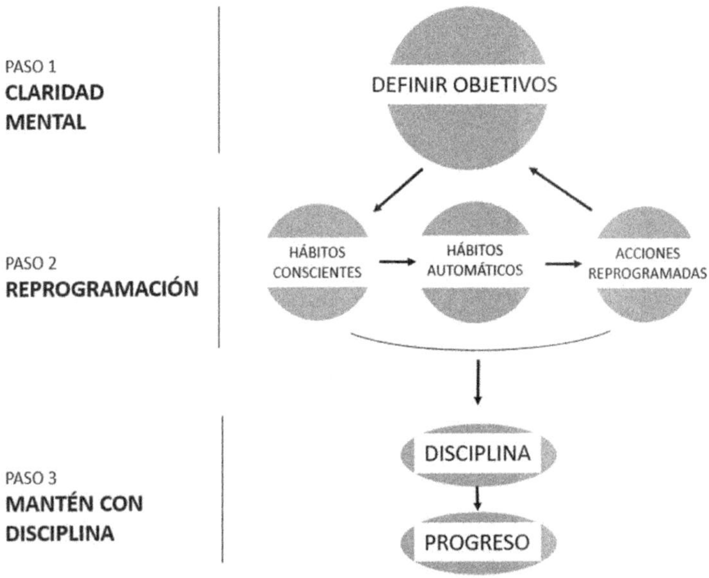

CAPÍTULO 5

PASO 1: CLARIDAD MENTAL

El primer paso de todo proceso de cambio es establecer un objetivo claro, así como los pasos del proceso hasta llegar a él. Es necesario realizar un plan estratégico ante una posible situación adversa en el futuro, de forma que exista un protocolo de actuación y se realice una acción objetiva y no llevada a cabo por la improvisación (con todo el componente emocional implicado).

El primer paso es sin duda, tener claridad mental. Pues sin claridad, no vamos a realizar el camino más eficiente para ir del punto A al punto B.

No hay viento favorable
para el que no sabe a dónde va.
Séneca.

Si usted se encuentra perdido en la mitad de la jungla (punto A) y desea llegar hasta la playa (punto B), puede ponerse en marcha en cualquier dirección esperando con buena fe ir en la dirección correcta y sin saber lo que puede encontrarse en el camino. También existe la opción de subir a un punto elevado (colina o montaña) para visualizar la dirección del objetivo y valorar posibles obstáculos, pudiendo trazar la ruta más eficiente para llegar al punto B. Pero para ello habría que invertir tiempo y esfuerzo en subir hasta dicho punto elevado.

La mayoría de las personas se lanzan en sus proyectos personales y profesionales hacia el punto B (sin saber dónde está) porque ignoran la segunda opción o porque piensan que no es rentable invertir tiempo en subir a un punto elevado en lugar de echar a caminar.

Creo que no es necesario que explique cuál de las dos opciones es más inteligente, eficiente y obtendrá mejores resultados. El método de ensayo-error es necesario, formativo y esclarecedor, pero tiene su máxima relevancia una vez esté en marcha un sistema previamente dictado. De esta forma, podremos ir corrigiendo aspectos de este con la práctica, y así perfeccionar nuestro sistema hasta llevarlo a un nivel superior.

En el *trading* necesitamos planificar nuestra ruta de viaje, elaborando un plan de *trading* objetivo y una serie de premisas que rodean a nuestro negocio. El plan de *trading* nos protege de nosotros mismos. Se establecen una serie de pautas para que, llegado el momento, si se da una situación X, nosotros realicemos una acción Y. Con esto, evitaremos darle una oportunidad a la improvisación y disminuiremos o incluso evitaremos, respuestas emocionales.

Hasta aquí todo claro, pero, ¿cómo obtenemos la claridad mental para realizar un buen plan de *trading*?, ¿cómo interiorizamos un plan y una serie de reglas?, ¿cómo soy consciente en todo momento de mi objetivo final de este negocio?, ¿cómo reflexiono tras las operativas y saco conclusiones de nuevas pautas para corregir el rumbo?

Aquí la herramienta: la **meditación**.

Aunque a muchas personas en la actualidad le pueda sonar una práctica mística y casi extrasensorial, la meditación es una herramienta que ha sido usada, y es, por los personajes históricos más exitosos e influyentes de la historia. Desde el Emperador de Roma Marco Aurelio, hasta el *coach* motivacional más importante de la actualidad, Tony Robbins.

La meditación no es más que un espacio temporal en el cual un individuo utiliza para mirar dentro de sí mismo (introspección), y utilizar este momento para muchos fines. Hay quien la utiliza para tener plena consciencia del momento presente, y poder aprovechar más este, eliminando ruido pasado y futuro, conocido como *mindfullnes*. Hay quien medita para buscar paz y serenidad interior mediante técnicas de respiración.

Marco Aurelio realizaba un periodo de meditación por las mañanas para recordarse a sí mismo que clase de persona quería ser durante el día y como quería actuar de la forma más justa ante los acontecimientos que le esperaban esa jornada como emperador de un imperio. Por la noche volvía a realizar una meditación antes de dormir para realizar una autocrítica de qué cosas había hecho bien, que cosas había hecho mal y cómo podía mejorarlas al día siguiente. Sus meditaciones diarias están recogidas en la obra *Meditaciones* (3).

La meditación es una herramienta muy poderosa y no conlleva más de 10-15 minutos al día (obviamente el tiempo dedicado es variable según las necesidades y gustos de cada individuo). Pero con la meditación, en el caso que nos conlleva al *trading*, podemos realizar dos cosas muy importantes:

1. **Repetir mantras**. Se ha visto con diversos estudios, que con la repetición diaria de un mantra[2], se genera un proceso de transferencia de una idea de un proceso consciente a un proceso subconsciente. Esto es, que si todos los días, nos repetimos a

---

[2] **Mantra:** En el hinduismo y en el budismo, sílabas, palabras o frases sagradas, generalmente en sánscrito, que se recitan durante el culto para invocar a la divinidad o como apoyo de la meditación.

nosotros mismos algo que queremos ser, queremos creer o queremos cumplir, esta idea pasa a un proceso mental más profundo que hace que lo interioricemos y podamos expresar con naturalidad. Si todas las mañanas, nos repetimos a nosotros mismos una serie de mantras, donde expresamos la clase de persona (o *trader*) en el que queremos convertirnos, vamos a tener presente a diario esta idea, y al interiorizarla, será más fácil llevarla a cabo cuando el momento se presente ante nosotros. Lo ideal es comenzar con tres o cuatro mantras que asienten las bases o pilares de lo que usted piense que debe estar presente en la mente y en el plan de *trading* de un *trader* rentable y exitoso. A raíz de ahí, podrá ir sumando o sustituyendo mantras, que usted piense que van a serle provechosos tener en cuenta a diario en su operativa. En el *ANEXO III*, le dejaré un ejemplo de guía de meditación con algunos mantras ejemplo que quizás puedan servirle como guía o ayuda.

2. **Reflexionar**. Durante nuestro camino formativo como *traders*, vamos a vivir experiencias positivas y negativas. Cada día vamos a experimentar nuevos escenarios, nuevas oportunidades de acción y nuevos aprendizajes. Es importante reflexionar y hacer autocrítica sobre cómo hemos actuado ante estas situaciones (ante un SL, ante 2 SL consecutivos, ante una ganancia, etc.) y cómo podemos mejorarla. O cómo vamos a evitar volver a actuar de una forma nociva para nuestro plan (creando por ejemplo un nuevo mantra). Este periodo de reflexión es importante circuncidarlo a este espacio temporal, hacer una crítica, sacar un aprendizaje e intentar que no recurra más durante el día. Esto es muy importante. Si nosotros sufrimos en el día de ayer, por ejemplo, un día de la locura, no podemos permitir que ese daño se haga aún más

grande al día siguiente. No podemos permitir que las ganas de revancha y el ego terminen por destruir nuestra cuenta. Es necesario durante nuestro momento de meditación, expresarlo en nuestra cabeza, expresar cómo nos sentimos en aquel momento, cómo nos sentimos en el momento actual al recordarlo y qué queremos hacer para que no vuelva a repetirse. Cuando salgamos de nuestra meditación y hayamos sacado conclusiones y medidas al respecto, debemos estar en paz con nosotros mismos de forma que cuando nos sentemos ante los gráficos, nuestra mente este focalizada en realizar sus mejores acciones en el momento actual de la forma más objetiva y racional.

Por lo tanto, una vez aclarado el concepto y su utilidad en el *trading*, veamos cómo poner en práctica esta herramienta para nuestro beneficio.

Necesitaremos dos hojas de papel:

1. **Guía de meditación**: Esta hoja contiene los mantras que componen nuestra meditación. Podemos utilizarlo como guía teniéndolo a nuestro lado, por si necesitamos repasarla. Esta hoja será la que modificaremos según evolucionemos en la meditación.

2. **Reflexiones**: Tras meditar y aclarar nuestra mente, debemos apuntar aquello que hayamos reflexionado y qué acciones vamos a tomar a cabo. Por ejemplo, si hemos decidido tras nuestra meditación que a partir de ahora vamos a realizar solo una entrada al día, lo escribiremos. Luego esto obviamente habrá que modificarlo en el plan de *trading*, pero el

objetivo es que nuestras reflexiones frescas y objetivas que hemos obtenido durante la meditación, queden reflejadas en un papel en el momento inmediato. De otra forma se acabarán olvidando o tergiversando.

Con esta práctica vamos a obtener un proceso de mejora mental y emocional sobresaliente en nuestro *trading*. Podemos establecer cómo queremos actuar según los resultados que obtengamos (lo explicaremos en el capítulo siguiente). Lo más importante es que vamos a poder tomar decisiones en nuestro plan desde una situación mental clara y establecer patrones objetivos de forma premeditada. Sin duda esta herramienta es punto de inflexión en la carrera de muchos traders.

Primero pregúntate quién quieres ser.
Después haz lo que tengas que hacer.
Epicteto

Resumen:

- **PASO 1**. Obtener claridad mental: definir objetivos y el camino con pasos detallados que vamos a seguir (plan de *trading*). Herramienta útil: MEDITACIÓN.

CAPÍTULO 6

PASO 2: REPROGRAMACIÓN

Ya hemos comentado en el capítulo anterior qué es necesario para obtener claridad mental. Tras ello vamos a poder elegir cuales van a ser las mejores acciones en el futuro y cuáles deberían formar parte de nuestro plan de *trading*. Pues bien, una vez elegidas esas acciones, veamos cómo implantarlas en nuestro comportamiento de forma exitosa.

Una acción reprogramada podría decirse que es la instauración de una acción de la forma más automática posible. El máximo exponente sería la consecución de un hábito automático. Es decir, que tras una situación A, nosotros realicemos de forma automática una acción B. Puede parecer altamente complicado, pero veremos cómo con práctica y buen hacer es un proceso bastante natural.

Para que este proceso se genere automáticamente, primero es necesario instaurar un hábito de forma consciente. Es decir, necesitamos implantar una acción que hacemos de forma voluntaria y consciente, en algún momento del día o asociado a otra acción, de forma que se convierta en un hábito.

Veamos un ejemplo. Imaginemos que en casa después de cenar, siempre nos sentamos en el sofá a ver una película. Durante la película, el sueño acaba apoderándose de nosotros y nos quedamos dormidos en el sofá. Tras ello, de camino a la cama, nos genera mucha pereza lavarnos los dientes de forma adecuada debido al sueño. De tal forma que solemos irnos directamente a dormir, y como resultado al final de la semana, solo una o dos veces nos lavamos los dientes después de cenar. ¿Cómo podríamos conseguir cumplir con la acción de lavarnos los dientes tras la cena de forma exitosa y consistente?

Si queremos instaurar un hábito de forma exitosa hay varias formas de hacerlo. Aquí solo vamos a poner algún ejemplo que puede sernos útil, pero si al lector le interesa esta temática (para cualquier aspecto de su vida) le recomiendo encarecidamente la lectura del libro *Hábitos atómicos* de James Clear (2). Como decía, una forma de instaurar un hábito nuevo es asociarlo temporal o espacialmente a otro hábito. En este caso, vamos a incluir un hábito nuevo, en mitad de dos hábitos que suelen darse de forma automática:

[Hábito 1] —> Hábito 2

[Hábito 1 + **Hábito NUEVO**] —> Hábito 2

Una opción en este caso podría ser, que al retirar la mesa tras cenar (Hábito 1), ir directamente a lavarme los dientes (Hábito NUEVO) antes de sentarme en el sofá (Hábito 2). Si nosotros asociamos un hábito a otro hábito, se vuelve mucho más fácil de cumplir. Tras la repetición reiterada de esta asociación de hábitos, se genera un componente de automatismo. De esta forma, el hábito NUEVO (lavarse los dientes) lo vamos a realizar de forma subconsciente sin necesidad de pensarlo tras ocurrir el hábito 1 (retirar la mesa tras la cena) y con un menor esfuerzo.

Como resultado, tras varias semanas de realizar este hábito conscientemente, el cumplimiento de lavarse los dientes después de cenar habrá aumentado sin esfuerzo (automático) de dos o tres veces a la semana, a siete veces a la semana.

En el *trading* esta es una herramienta muy poderosa para romper con malos vicios. Lógicamente cada operador tiene sus propios demonios interiores y es su cometido saber cuáles son. ¿Cómo?, haciendo autocrítica y mediante claridad mental (PASO 1). Una vez que sepamos cuales son aquellos comportamientos que queremos corregir, debemos poner una solución mediante un hábito que controle ese comportamiento (PASO 2).

Voy a presentar como ejemplo uno (de mis tantos) errores cometidos con frecuencia en mi operativa, y cómo gracias a esta técnica conseguí ponerle punto y final. En mis inicios en el *trading*, había un error que aniquilaba la esperanza matemática positiva de mi sistema: sobreoperar. Por todo lo comentado que conlleva la sobreoperación, había días que perdía el progreso de semanas positivas y en ocasiones, incluso de meses. Me di cuenta de esto, principalmente al ver mis tablas de Excel (ya comentaremos la importancia del registro de operaciones más adelante) y analizar qué hubiese ocurrido si no hubiese caído en este error.

El primer paso lógicamente es hacer evidente que cometía este error y proponer una premisa en mi plan de *trading* para evitar recaer en él (PASO 1: claridad mental). La premisa era realizar solo una operación al día. Fuese cual fuese el resultado, mi operativa acababa en ese momento hasta el día siguiente. Esta decisión la tomé de una forma estudiada y objetiva (mediante la meditación) pensando que era para mí la mejor decisión en ese momento y según mi sistema. Bien, una vez tomada esta decisión es necesario tomarla con efectividad y consistencia en el tiempo. Para ello el hábito nuevo a insertar sería apagar el ordenador tras terminar mi operativa sea cual fuese el resultado (PASO 2: reprogramar acciones). Mi hábito NUEVO sería cerrar el ordenador tras terminar la operación (hábito 1).

Hábito 1: (fin de operación) + Hábito NUEVO: (apagar el ordenador)

He de decir que al principio hubo ocasiones que me costó realizar este nuevo hábito. Me sentía tentado en quedarme y recuperar una pérdida. No obstante, al realizarlo consecutivamente varios días y verme capaz de realizarlo, cada día me generaba menos esfuerzo llevarlo a cabo. Solo me tomó apenas unas semanas interiorizar este hábito.

Para más énfasis, al ver en mi Excel cómo mi cuenta subía de forma más notable que hasta ese momento (se acabaron los días de varios SL seguidos) se reforzó mentalmente ese Hábito NUEVO. Además, tuvo más repercusiones, sobre todo a nivel mental. Pues se acabaron esas horas extras llenas de angustia, enfado y nerviosismo que en ocasiones ocurría tras un STOP en las que intentaba recuperar esa pérdida. Me di cuenta que era más favorable para mí, aceptar una pequeña pérdida ese día. Me otorgaba paz mental y podía continuar con mi día fuera del *trading* sin preocupaciones sobreañadidas. En contra de aquellos días previos, donde me iba de las pantallas con malas sensaciones tras haber pasado una sesión entera intentando recuperar una pérdida. Sea cual fuese el resultado. Aunque éste fuese un resultado final positivo, no tenia buenas sensaciones. Se puede imaginar el lector, si además el resultado final había sido un estropicio. Permanecía en mi cabeza una autopercepción de poca profesionalidad durante el resto del día que no me permitía disfrutar totalmente del resto de actividades. Todo esto me generó un refuerzo positivo mental hacia este nuevo hábito lo que contribuyó a poder realizarlo sin esfuerzo alguno (hábito inconsciente).

Resumen:

- **PASO 1**. Obtener claridad mental: definir objetivos y el camino con pasos detallados que vamos a seguir (plan de *trading*). Herramienta útil: MEDITACIÓN.
- **PASO 2.** Interiorizar actos y comportamientos favorables para ser eficientes en el cumplimiento de nuestro plan de *trading*. Herramienta útil: CREAR HÁBITOS.

CAPÍTULO 7

PASO 3: MANTÉN CON DISCIPLINA

Hace unos años, en una reunión de *traders*, escuché a uno de ellos decir que él no operaba los viernes. Su razonamiento era, que, por su experiencia propia, la posibilidad de sufrir un SL ese día era un hecho lo suficientemente importante como para estropearle el fin de semana. Esto me impactó bastante. Más aún de alguien que presumía ser un profesional del área.

En mi humilde opinión, esta es la clase de pensamientos que debemos evitar tener durante nuestra carrera profesional como *traders*. Este tipo de mentalidad está muy ligada a la subjetividad y al sesgo de recompensa inmediata que ya comentamos en el capítulo 2.

Veamos el por qué este tipo de mentalidad enfocada tan a corto plazo nos genera sensaciones subjetivas, y es tan importante que las mantengamos alejadas de nuestra operativa.

Los seres humanos somos seres subjetivos por naturaleza. Tendemos a realizar juicios de valor ante acontecimientos externos a la primera de cambio. Solemos necesitar *a posteriori* un proceso de serenidad mental y emocional para poder hacer un juicio objetivo y claro. Además, la mente tiende a distorsionar acontecimientos del pasado en función de hechos del pasado más inmediato.

Veamos un ejemplo gráfico (Figura 5). Vamos a contemplar dos semanas operativas, la semana A y la semana B.

	SEMANA A	SEMANA B
LUNES	TP	SL
MARTES	TP	BE
MIERCOLES	BE	SL
JUEVES	SL	TP
VIERNES	SL	TP
RESULTADO SEMANAL	TP: 2 SL: 2 BE: 1	TP: 2 SL: 2 BE: 1

Figura 5. Percepción de resultados según su orden cronológico en una semana operativa. TP: *Take Profit*; BE: *Break Even*; SL: *Stop Loss*.

Ambas semanas tienen el mismo resultado final, con el mismo número de TP, SL y BE, pero con distinta distribución.

Supongamos que nosotros somos autores de esta operativa. La pregunta que propongo es: ¿es la misma percepción que tenemos sobre nosotros mismos y nuestra operativa cuándo llega el viernes? Y ahora reformulo la pregunta: ¿**Debería** ser la misma percepción que tenemos sobre nosotros mismos y nuestra operativa cuándo llega el viernes?

La respuesta para la primera pregunta, en caso de *traders* novatos podríamos admitir un NO. En el resto de casos, para la primera y especialmente para la segunda pregunta, la respuesta es un SÍ rotundo. Y más aún si nos tratamos a nosotros mismos como *traders* profesionales.

Ambas semanas tienen un resultado final igual en términos económicos. Pero es bien sabido, que la sensación de pérdida inmediata es mal tolerada. En el caso de la semana A, iniciamos viendo nuestra cuenta en verde, creciendo los primeros días. Sin embargo, tras el jueves y el viernes, vemos que disminuye de nuevo hasta dejar un balance semanal por debajo del miércoles o incluso dejando un balance semanal neutro. Esto, experimentado por un *trader* novato con visión a corto plazo genera sensación de desasosiego, incluso fracaso. A la mente le pueden llegar pensamientos como, "si ya estaba haciendo muy buena semana el miércoles, debí haber parado".

Nunca debemos perder el objetivo a medio/largo plazo de nuestra carrera como *traders*, pues la estadística de nuestra operativa se va a expresar siempre mejor cuanto mayor sea el número de operativas. El *trader* experto, aunque lleve 4 días seguidos en TP, no se plantea no operar el viernes por miedo a no conseguir una semana "casi perfecta". Cada día de operativa, es un día más de los aproximadamente 200 días operativos que tiene el año. Un resultado aislado no es definitivo ni importante, si no el conjunto de todos ellos como consecuencia de actuar bien.

Por tanto, elimina las sensaciones obtenidas a corto plazo en tu operativa. A corto plazo solo debes poner el foco en el buen hacer de tu sistema.

ELIMINA LA SUBJETIVIDAD

Existe una segunda razón por la que debe eliminarse las sensaciones subjetivas inmediatas de nuestra operativa.

Imaginemos que al terminar la semana B, las sensaciones del *trader* novato son realmente buenas, probablemente sienta incluso euforia tras haber empezado la semana mal y realizar una remontada épica. La sensación hacia sí mismo es de orgullo y llega al fin de semana con la autoestima bien alta, pensando que está haciendo lo correcto y hay que seguir así. En el trading tan peligroso es dejarse llevar por la euforia como por el miedo.

Quien piensa que todo lo sabe, nada aprende.

Si observaremos detenidamente cada operación realizada esa semana, imaginemos que, el SL del lunes y el TP del viernes, no cumplían con su sistema de *trading*.

El SL era evitable, y por ansiedad emocional lo sufrió. Y el TP tampoco formaba parte de su *set up* operativo, por tanto, mal ejecutado, pero con la "suerte" de terminar con un resultado positivo.

Existen errores en esa semana que deben ser anotados, corregidos y aprendidos. Si no, el sistema no mejorará de la misma manera. Si el *trader* novato, pasa por alto esta semana, a causa de sus buenas sensaciones del viernes, puede estar dejando sobre la mesa lecciones no aprendidas muy importantes.

Cada error es una oportunidad de mejora.

Es importante, por tanto, eliminar esta subjetividad emocional, centrarse en el sistema operativo y realizarlo de la mejor forma posible, y potenciar el progreso.

POTENCIA EL PROGRESO

No busques la perfección, busca el progreso.
Séneca

Existen dos extremos en la escala de dificultad de una tarea que anula la motivación para realizar dicha tarea. Lo extremadamente fácil y lo imposible.

La primera nos aburre y abandonamos por falta de interés. No despierta actitud de superación personal. No hay retos.

La segunda hace declinar hasta al más testarudo ante la imposibilidad de darnos una sola oportunidad de ganar.

Imaginemos que recientemente hemos comenzado a jugar al ajedrez y llevamos un par de meses practicando por lo que manejamos aspectos básicos del juego.

Si nuestro sobrino de 10 años, quiere jugar con nosotros y le explicamos, de forma rápida y sencilla, cómo se juega, podemos jugar con él una partida. Sin embargo, será bastante sencillo ganarle y probablemente sea una de las partidas más aburridas que juguemos.

Por el contrario, si tu oponente es un gran maestro como Magnus Carlsen, será más que probable que pierdas una y otra vez. La sensación de impotencia ante la diferencia abismal de nivel, hará que tras un par de partidas renuncies a seguir intentándolo y tires la toalla.

La motivación nace cuando en una tarea que exige cierta dificultad, existe alguna posibilidad de conseguir resolverla. Pero esta motivación es máxima, cuando la dificultad se encuentra en un punto intermedio, donde genere un reto personal y de auto superación (Figura 6). Cuando existe una oportunidad para desafiarse a uno mismo. Debe encontrarse en un equilibrio de dificultad donde no nos lleve al aburrimiento, ni por el contrario genere impotencia.

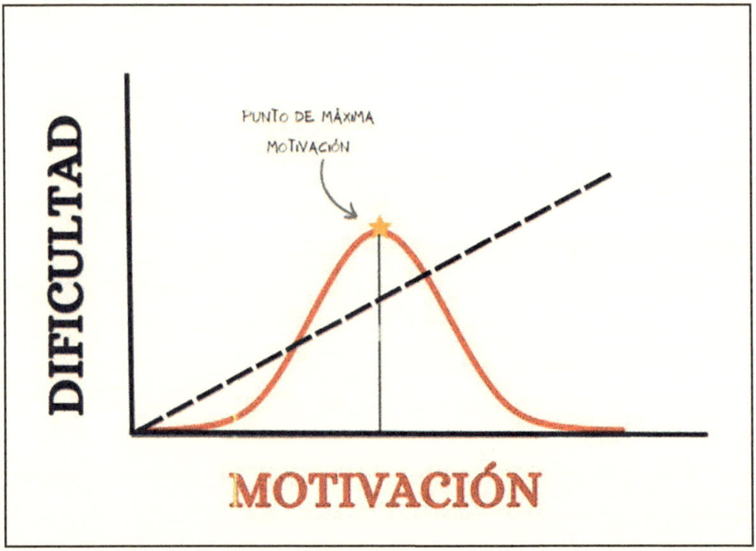

Figura 6. Curva de DIFICULTAD-MOTIVACIÓN. Obsérvese, cómo la motivación por realizar una tarea es máxima en el rango medio de dificultad, disminuyendo pues, cuando la dificultad es muy baja o muy alta.

No es extraño ver cómo profesionales de sus áreas buscan cada vez retos más difíciles en su campo en la medida que sus aptitudes crecen. Pues el mayor motor de la motivación es el progreso. Necesitamos encontrar el grado de dificultad de una tarea que nos haga poner todo nuestro empeño en lograrla, sin que caiga en el aburrimiento ni en imposibilidad absoluta.

El *trading* despierta más interés en profesionales que en novatos. No es tarea sencilla ganar dinero de forma regular. Es un reto y en constante aumento. Presenta obstáculos, sobre todo mentales, que nos despiertan la inquietud de superarlos.

El éxito es difícil.
De lo contrario no generaría motivación personal.
Si no lo fuese, todo el mundo lo alcanzaría sin esfuerzo.
Recuerda, si algo es demasiado fácil,
probablemente no valga la pena.

No obstante, uno de los errores de los *traders* novatos es la búsqueda del sistema de trading perfecto. La búsqueda de un sistema con una efectividad del 100 %. No digo que no pueda existir. Pero no tiene sentido bajo mi humilde opinión poner el foco del crecimiento profesional (más aun en principiantes) en este objetivo. Probablemente la mayoría de *traders* novatos desistirían ante la altísima dificultad que supone encontrar un sistema de cero errores.

Será mucho más inteligente, poner el foco sobre el progreso de uno mismo. Aquí encontraras la motivación de seguir hacia delante y mejorarte a ti mismo y a tu sistema. Y quién sabe si algún día llegarás a esa efectividad o incluso a algo cercano. No busques la perfección, sino el progreso.

Lo que también es un hecho comprobado y es importante para la psicología de un *trader*, es que no necesitas un sistema de *trading* perfecto para ser rentable y ganar dinero. Solo necesitas un sistema rentable (efectividad estadística >50 %) y cumplirlo con disciplina.

No necesitas un sistema de trading perfecto
para hacer dinero. Necesitas un sistema rentable
y cumplirlo perfectamente.

Por tanto, para eliminar la subjetividad y potenciar el progreso, existe una herramienta que es el **registro o diario de operaciones**. Es el reflejo objetivo de nuestra operativa diaria, semanal, mensual, etc. Reflejo del progreso. Y esto tiene dos beneficios claros:

1. **Visualización objetiva del progreso**. Imaginemos que una persona corriente, varón de 50 años con un trabajo corriente, decide que quiere ponerse en forma. Decide comenzar a ir al gimnasio y se propone como objetivo conseguir un físico similar al de Brad Pitt en la película de Troya (un ejemplo "modesto"). En el mejor escenario posible, contrata un entrenador personal y un nutricionista para que le guíen de la forma más efectiva durante este proceso. Las primeras semanas son, sin duda, las más duras. Cambios dietéticos y nutricionales importantes, cambios en la rutina diaria, sufrimiento físico en el gimnasio, etc. Cuando el objeto llega a la tercera semana, tras estar 21 días dando todo lo mejor de sí mismo, con los sacrificios descritos, se mira al espejo y observa que no está ni de lejos, cercano a un cuarto del objetivo soñado. Es más, probablemente no note cambios objetivables desde el inicio. En este momento, o incluso cuando lleve 2 meses, el objeto puede pensar, "esto no funciona, tanto esfuerzo y no consigo estar como Aquiles; me rindo". Probablemente este sea una de las causas más frecuentes de no adherencia al ejercicio físico, y uno de los principales motivos de abandono del gimnasio de gran parte de la población: la no consecución de resultados increíbles en poco tiempo. Lo que nuestro objeto no visualiza, es que durante estas 3 semanas ha disminuido 0,5 kg de grasa, ha conseguido aumentar 0.75 cm el perímetro de sus brazos y ha mejorado su capacidad pulmonar. En resumen, tiene menos grasa, más músculo y mejor adaptado al ejercicio físico. Obviamente esta mejora es pequeña (el periodo invertido también), pero existe. Si el objeto continuase durante 2 meses más, los cambios físicos y estéticos probablemente no sean aún muy notables. Pero si continúa siendo consistente y cumpliendo con el método, seguramente tras 6 o 12 meses note cambios francos ante el espejo. En este punto

su grado de motivación se elevará de forma abismal. Y es que el mayor motor de la motivación es el progreso. Aquí la dificultad es encontrar motivación cuando no tenemos resultados tan grandes y palpables. Entonces nos rendimos y queremos abandonar. ¿Este ejemplo le suena familiar al *trader* lector? Si semana a semana, observamos en un registro mejoras pequeñas, pero observamos progreso, entonces obtendremos un refuerzo mental positivo. Estamos observando resultados a pequeña escala que nos refuerzan a seguir haciendo las cosas de forma correcta, de seguir luchando y mejorando día tras día. Esa visualización objetiva de progreso genera motivación para continuar trabajando tanto a nuestro objeto del gimnasio, como a nosotros como *traders*. Los resultados grandes llegarán, pero hay que hacer las cosas bien día a día, semana a semana, y ver de forma objetiva en nuestro registro de operaciones nuestro progreso (es decir, crecimiento porcentual de nuestra cuenta y nuestra capacidad de cumplir nuestro plan de *trading*).

El mayor motor de la motivación es el progreso.

2. **Estudio de errores y mejora del sistema.** Como ya hemos comentado previamente, más allá de los resultados en sí y de las sensaciones que podamos obtener tras un resultado en el pasado inmediato, la importancia de este hábito es poder corregir lo que hemos hecho mal cada semana y potenciar lo que hemos hecho bien. Debemos observar nuestra operativa y las decisiones tomadas, sin quedar cegados por nuestras sensaciones a final de la semana. Estos análisis *postoperativa*, son fundamentales para la corrección y mejora tanto de nuestras decisiones (aportan claridad mental), como de nuestro sistema de *trading* en general.

Por tanto, para eliminar subjetividad y potenciar el progreso de nuestra operativa tenemos que realizar un registro objetivo, y para ello tenemos la herramienta necesaria: El **diario** y el **registro de operaciones**.

Utilizaremos un registro de operaciones (EXCEL) para escribir los datos numéricos y realizar estadísticas de nuestra operativa. Por otro lado, en el diario podremos hacer anotaciones sobre nuestra operativa, observaciones, e incluso emociones, para mejorar el resto de aspectos no numéricos de nuestro *trading*.

Resumen:

- **PASO 1**. Obtener claridad mental: definir objetivos y el camino con pasos detallados que vamos a seguir (plan de *trading*). Herramienta útil: MEDITACIÓN.
- **PASO 2.** Interiorizar actos y comportamientos favorables para ser eficientes en el cumplimiento de nuestro plan de *trading*. Herramienta útil: CREAR HÁBITOS.
- **PASO 3.** Elimina la subjetividad y potencia el progreso. Herramienta útil: DIARIO Y REGISTRO DE OPERACIONES. Mantén con disciplina tu plan de *trading* y mejora tu sistema.

PARTE 4

CAPÍTULO 8

COMENTARIO FINAL

El objetivo de este libro es aportar algo de luz al lector en este componente tan importante del *trading* como es el aspecto psicológico-emocional. Sistemas y mentores de *trading* hay por doquier. Sin embargo, pocos hacen énfasis en la gestión emocional del *trading*.

En mis inicios me hubiese gustado poder aprender más sobre psicología e inteligencia emocional, y tener otra visión del *trading* como en este libro se comenta. Como ya expliqué en la introducción, el motivo de escribir este libro es el de poder dar un trabajo resumido donde recolecto experiencias personales y aprendizajes obtenidos a raíz de la lectura y estudio de muchos libros y conversaciones con otros compañeros y mentores.

Pues la clave, para poder obtener un beneficio económico estable con el *trading*, es la disciplina. La gestión emocional. La visión del *trading* como un negocio a medio/largo plazo. Por ello, quise titular este libro como *Trading sin límites*. Pues el único límite para alcanzar todos los objetivos que te propongas en este negocio va a depender de ti mismo. Solo necesitas llevar a cabo las cosas como en este libro se han explicado, y tarde o temprano, llegarás a donde quieras llegar.

Espero que el lector haya sacado de estas páginas aspectos positivos para su carrera profesional como *trader*, y ayudarle a conseguir ese *clic* mental que no todos ven, y menos aún en los inicios. Y es la visión del *trading* como un negocio. La visión a largo plazo y olvidarse de las recompensas inmediatas. Enfocarse en el sistema y no tanto en las metas económicas. Y por supuesto, espero que haya encontrado aquí herramientas y ejemplos para conseguir identificar y dominar aquellos aspectos emocionales que se deben mantener a raya para conseguir realizar una operativa rentable, consistente y fructífera.

Ojalá encuentre el lector entre estas páginas, aunque sea solo un aspecto o aprendizaje que le ayude a mejorar o dar un paso adelante en su trayectoria de *trader*. Solo con ello, habrá merecido la pena las horas dedicadas a la escritura de este libro.

Le deseo la mejor de las fortunas y que consiga todos los objetivos que se proponga en su trayectoria profesional como *trader*.

REFERENCIAS

(1) Weir A, Chappel J, Kacelnick A. *Shaping of Hooks in New Caledonian Crows*. Science (2002). Vol 297, Issue 5583, par 981. DOI: 10.1126/science. 1073433

(2) James Clear. *Hábitos atómicos*. 2018.

(3)Marco Aurelio. *Meditaciones*.

ANEXO I

REFLEXIONES/MANTRAS PARA MEDITAR

Voy a proponer una serie de mantras ejemplo (algunas de ellas las he utilizado yo mismo, o incluso sigo utilizándolas hoy en día).

Obviamente solo quiero ofrecer un ejemplo de cómo debería funcionar un mantra. Una palabra o una frase que contenga una idea o pensamiento subyacente. Así cuando la repitas una y otra vez estés haciendo énfasis en esa idea contenida.

Aquí dejo algunos ejemplos. Recuerda que puedes crear tus propios mantras y darle la forma que tu desees a tu meditación.

Espero que te sirvan de ayuda y si quieres utilizarlos para ti mismo, sírvete del que gustes sin problema alguno.

1. CADA DÍA MEJOR, CADA DÍA MÁS FUERTE

Cada día mejor, cada día más fuerte.

Hace énfasis en la ley del 1 %. La ley del 1 % defiende el propósito siguiente: si mejoras en tu vida algún aspecto a diario aunque solo sea un 1 %, el interés compuesto a lo largo de semanas/meses tiene un efecto acumulativo exponencial.

Imagina que deseas aprender un idioma. Pues según esta ley, debes realizar una pequeña acción a diario que te acerque a ese objetivo para que en unas semanas o meses hayas avanzado sin apenas esfuerzo. Por ejemplo, aprender 5 palabras nuevas cada día antes del desayuno. El esfuerzo es mínimo. No te llevará más de dos minutos. Sin embargo 5 palabras al día son 35 a la semana, 150 al mes y 1800 al año (esto independientemente de que te apuntes a clases de idiomas claro está).

Pero la magnitud de ese pequeño hábito tiene un impacto enorme con el paso de las semanas.

Además, esto tiene un potencial mayor aún. Pues lo que no mejora, degenera. Es decir, la contrapartida de no hacer ni siquiera este pequeño habito, es no hacer nada. Lo que es sinónimo de ir olvidándote poco a poco lo que sabías sobre ese idioma. Por tanto, al crear este pequeño hábito, en lugar de ir cuesta abajo en tus objetivos, vas cuesta arriba y de forma exponencial.

Este mantra me lo repito para ser mejor cada día en algo. Mejorar mi 1 % en el entrenamiento, en aprender algo nuevo en el *trading* , sumar un día más de operativa cumpliendo mi *trading* plan, etc.

2. CADA OBSTÁCULO, UN RETO

Cada obstáculo, un reto.

Ya lo habrás leído varias veces durante este libro: cada error es una oportunidad. Este mantra me ayuda a recordar que cada obstáculo que nos ofrece el camino, te pone a prueba. Es una oportunidad de examinarte a ti mismo sobre cómo superarla. Hace que desarrolles medidas para resolverlo. Que adquieras nuevas herramientas y aptitudes para solventar dicho problema. Por tanto, mejoras. Cuando lo superas, serás una mejor versión de ti mismo.

Si estás pasando dificultades económicas, puedes hacer dos cosas:

1. Nada (y quejarte de ello sin razón)
2. Buscar una solución.

Como consecuencia de la 2, buscarás opciones para resolver ese problema. Quizás estudies, te formes en una nueva habilidad para conseguir un nuevo trabajo o un puesto mejor. En definitiva, serás una mejor versión de ti mismo.

Si en el *trading* falla tu componente emocional, puedes dejar el *trading* o mejorar ese aspecto. Si decides esto último, habrás conseguido una mayor inteligencia y estabilidad emocional. Habrás obtenido una mayor madurez psicológica. Serás una mejor versión.

Debes visualizar el vaso medio lleno. No te victimices porque se presenten obstáculos frente a ti. Alégrate por tener la oportunidad de convertirte en alguien más capaz.

3. *MEMENTO MORI*

Memento mori.

Tener la muerte presente en nuestro día a día.

Uno de los pensamientos clave del estoicismo. Al contrario de lo que pueda sonar en un primer momento, no es para nada un pensamiento negativo sino todo lo contrario. Ser consciente de que la muerte llegará algún día, hace que vivamos el presente con mayor intensidad y saboreemos mejor las cosas que nos está dando la vida.

Recordarnos esto evita la procrastinación. Nos hace poner el foco en el presente y sobre aquellas cosas que merecen la pena realmente. Nos hace consciente de que el tiempo es limitado y debemos ir a por aquellos objetivos que tanto hemos anhelado en la vida.

Si tu deseo es convertirte en *trader* profesional, ¿a qué estas esperando? Nadie lo va a hacer por ti. Pon todo de tu parte para conseguirlo y no pierdas el tiempo. Fórmate, estudia y trabaja duro. No pongas excusas. El camino lo haces tú.

4. *AMOR FATI*

Amor fati.

Otra máxima del estoicismo. Abraza tu destino. No llama al inconformismo en absoluto. Sin embargo, hace énfasis en las cosas que están bajo nuestro control y las que no. Y aceptar aquellas que no podemos cambiar y sacar el máximo jugo de ellas.

Si usted va en el coche y se encuentra en una retención debido a un accidente más adelante y estiman un retraso de una hora aproximadamente, tiene dos opciones:

1. Quejarse todo el rato, envenenarse a sí mismo, estar de mal humor, decir improperios, etc.
2. Aceptar que no puede cambiar ese hecho, y aprovechar ese momento consigo mismo para escuchar algún podcast que hacía tiempo deseaba escuchar, aprovechar para llamar por el manos libres a algún familiar o ser querido, etc.

En ambas situaciones, vamos a llegar a nuestro destino a la misma hora, pero nosotros podemos elegir cómo aprovechar esa situación que se nos ha dado.

Abraza el destino y sácale todo el jugo al tiempo que se ofrece ante nosotros.

No podemos elegir los tiempos que nos toca vivir, lo único que podemos hacer es decidir qué hacer con el tiempo que se nos ha dado.
Gandalf (El Señor de los Anillos)

Si durante una sesión de *trading* obtenemos un SL podemos maldecirnos, lamentarnos, enfadarnos, tomar venganza contra el mercado (y contra nuestra cuenta) o aceptar ese SL e intentar sacar algo beneficioso de ello (un aprendizaje o mejora).

5. AGRADECE

Agradece.

Para mí, personalmente, ha sido un mantra desde antes incluso de iniciarme en el *trading*. Tendemos a poner el foco de forma muy incisiva en lo que deseamos lograr, en los objetivos a alcanzar. Y caemos en ocasiones en el error de pensar que no seremos felices o no nos sentiremos completos hasta que alcancemos esas metas.

Y esto es un enorme error.

Perdemos el foco en el presente, en nuestro día a día. Y ansiamos tanto los bienes futuros, que no valoramos lo que ya hemos conseguido y lo que tenemos.

Sé agradecido por lo que eres y has conseguido. Por las cosas importantes y básicas que ya tienes. Seres queridos, un trabajo, un techo, etc. Hay millones de razones por las que encontrarse agradecido y en paz cada día.

¿Tenemos más objetivos? Sí. A por ellos. Pero se consciente de lo que tienes y nunca menosprecies lo que ya has conseguido.

6. ENFÓCATE EN EL SISTEMA

Enfócate en el sistema.

Es muy importante poner el foco en el lugar correcto. Poner el foco en aquello que nos haga mejorar a nosotros mismos y lo que nos propongamos. A raíz de *hacer* algo de forma continuada, se producen *resultados* consistentes en esa dirección, y por tanto es importante no poner el foco en el lugar incorrecto. Por ello debemos centrarnos en aquello que está bajo nuestro control y no perder el tiempo con lo que no.

Existe un concepto que promulgaba la escuela estoica, que es la **dicotomía del control** (Figura 7). Parte de una idea muy sencilla que tiene un impacto enorme. Básicamente la dicotomía del control dice que debemos separar aquellas cosas que están bajo nuestro control de las que no. Es muy sencillo. Debemos poner el foco y nuestras acciones sobre aquello que podemos controlar. Sobre lo que no, no debemos sufrir pues independientemente de lo que hagamos, ocurrirá de igual manera.

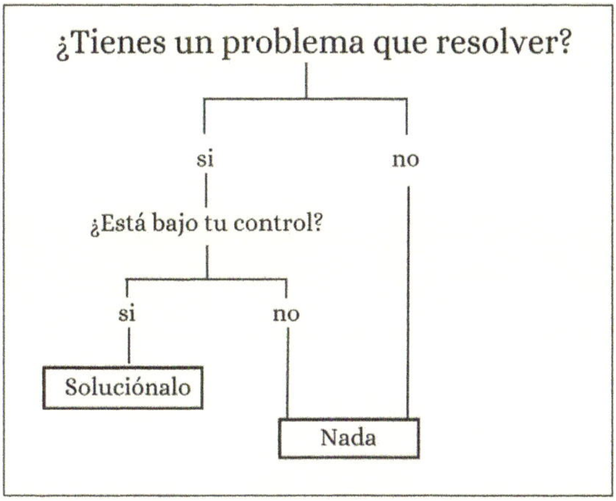

Figura 7. Dicotomía del control. Diferencia que cosas están bajo nuestro control y cuáles no.

Un golfista profesional pasa años entrenando para un gran campeonato. Llegado el momento de golpear la pelota, el golfista calcula la distancia, el viento en el momento actual y golpea la bola con la mejor técnica posible en busca de aproximarse lo más posible a su hoyo. Una vez la bola sale golpeada de su palo, no hay nada más que el golfista pueda hacer. Si durante la trayectoria acontece una ráfaga brusca de aire o se cruza un ave, no está bajo el control del golfista, y por tanto solo le queda relajarse y ser un mero espectador.

¿Tiene sentido que antes de golpear la bola se preocupe de los posibles acontecimientos que puedan ocurrir durante el trayecto de la bola? No, pues no están bajo su control. Y desvía el foco de lo que sí está: su postura, el agarre del palo, etc.

Una vez que nosotros analizamos el mercado, decidimos entrar en él y colocamos nuestra orden, aquí acaba lo que está bajo nuestro control. Lo que haga el mercado y lo que dure la operativa no lo está. Solo nos queda relajarnos y disfrutar del camino.

ANEXO II

TRADING PLAN

Tu *trading* plan establece las normas de tu operativa. Establece las reglas y establece que acciones vas a llevar a cabo según qué situaciones se produzcan.

Es un mapa de ruta para no dejar nada a la improvisación. Todo debe estar calculado y estudiado de forma premeditada y de forma objetiva. Evitamos la toma de acción de las emociones durante la operativa.

Tu *trading* plan te salva de ti mismo. Es tu seguro contra tu sistema emocional.

Por ello es buena idea que lo tengas impreso en papel y a la vista cerca de tu pantalla, donde lo repases antes de cada sesión operativa.

Para ello debe contener una serie de premisas que deben ajustarse a tu sistema. Y premisas donde expresen que hacer dadas ciertas circunstancias.

Desde mi opinión, un buen *trading* plan debe contener:

- Instrumento a utilizar (futuro del Nasdaq, futuro del S&P500, par de divisa EUR/GBP, etc.)

- Horario establecido de operativa (o tiempo máximo frente a las pantallas)
- Numero de *trades* por día o sesión
- Pérdida máxima diaria (no debería sobrepasar el 4 % de tu capital)
- Tamaño de lotaje por entrada o apalancamiento (esto irá en función del número de *trades*/día para no sobrepasar la pérdida máxima diaria).
- Qué hacer si sufrimos un SL, 2SL consecutivos, etc. (en función del número de *trades*).
- Qué hacer si sufrimos un TP, 2TP consecutivos, etc. (en función del número de *trades*).
- Algún mantra que quieras recordar.

EJEMPLO *TRADING* PLAN

TRADING PLAN

1. **Horario: 14:00-17:00.**
2. **Instrumento: MNQ**
3. **Máximo 1 contrato**
4. **SL máximo por operación: 40$ (20 pts)**
5. **Máximo 2 operaciones en un día (perdida máxima diaria potencial: 80$ que equivale al 4% de mi capital)**
6. **Tanto si hago SL o TP, espero siguiente oportunidad de entrada.**
7. **Cuando realice mi segunda entrada sea cual sea el resultado, cierro el programa.**
8. **Cuando llegue las 17:00, si no tengo ninguna operación corriendo, cierro el programa.**
9. **Tras el punto 7/8, apunto mis resultados en el excel y sensaciones en el diario de trading. Después, me voy del ordenador.**
10. **Cuando cierren los mercados a las 22:00, repaso mis entradas y hago critica de ellas en mi diario de trading.**

ANEXO III

GUÍA MEDITACIÓN

La meditación debe ser totalmente personalizada. Aunque suelen seguir una estructura general cada una de ellas (inicio con respiraciones profundas, técnicas de relajación, etc.). Para ello existen multitud de guías de meditación en internet e incluso aplicaciones móviles donde te guían a realizar una meditación con técnicas de relajación.

Deberás buscar un momento del día para realizarlo, intenta inculcarlo como un hábito (como explicamos en el PASO 2: REPROGRAMACIÓN. ACCIONES REPROGRAMADAS).

No obstante, en general debería seguir un patrón similar al siguiente:

1. Dedica unos minutos a relajarte con técnicas de relajación (postura, respiración, ambiente tranquilo, etc.).
2. Repite en tu cabeza tus mantras (como los ejemplos que hemos visto en el Anexo I, haciendo énfasis en el contenido subyacente de cada uno)
3. Sal de ese estado de relajación poco a poco, para volver a la siguiente tarea.

EJEMPLO DE GUÍA DE MEDITACIÓN

Os muestro cómo es un ejemplo de rutina de meditación, en concreto la que yo he utilizado durante mucho tiempo.

En mi caso, reservo 10 minutos del día para ello. Para asegurarme cumplir con ello, lo he asociado a otro hábito, en concreto el café de las mañanas. Cuando me levanto, tras asearme y vestirme, me preparo mi café solo y me siento en un sillón. Me gusta asociar este acto al olor del café. Entonces comienzo mi rutina:

1. Me siento con las manos sobre mis rodillas, e intento relajar mi cuerpo.
2. Cierro los ojos y realizo en torno a 10 respiraciones profundas, inspirando por la nariz y soltando el aire lentamente por la boca, mientras dejo la mente en blanco.
3. Repito mis mantras:
    1. *CADA DÍA MEJOR, CADA DÍA MÁS FUERTE*
    2. *CADA OBSTÁCULO, UN RETO.*
    3. *MEMENTO MORI*
    4. *AMOR FATI*
    5. *AGRADECE*
    6. *ERES A LO QUE PRESTAS ATENCIÓN*
4. Vuelvo a realizar otras 10 respiraciones profundas, inspirando por la nariz y soltando el aire lentamente por la boca, mientras abro los ojos poco a poco.
5. Ya estoy listo para seguir con el resto del día.

Este libro se terminó de imprimir
en Madrid, España, en el mes de
octubre de 2023